旅游景区开发与经济发展研究

高栓成 贾珍珍 宋歌 著

延吉·延边大学出版社

图书在版编目（CIP）数据

旅游景区开发与经济发展研究 / 高栓成，贾珍珍，宋歌著. -- 延吉：延边大学出版社，2024.9. -- ISBN 978-7-230-07265-6

I. F590

中国国家版本馆CIP数据核字第20240D8C32号

旅游景区开发与经济发展研究

著　　者：	高栓成　贾珍珍　宋　歌
责任编辑：	王铭庚
封面设计：	文合文化
出版发行：	延边大学出版社
社　　址：	吉林省延吉市公园路 977 号　　邮　编：133002
网　　址：	http://www.ydcbs.com　　E-mail：ydcbs@ydcbs.com
电　　话：	0433-2732435　　传　真：0433-2732434
印　　刷：	廊坊市广阳区九洲印刷厂
开　　本：	710 毫米 ×1000 毫米　1/16
印　　张：	11.25
字　　数：	200 千字
版　　次：	2024 年 9 月第 1 版
印　　次：	2024 年 11 月第 1 次印刷
书　　号：	ISBN 978-7-230-07265-6
定　　价：	78.00 元

目 录

第一章 旅游景区开发理论 ·················· 1
第一节 旅游景区开发概述 ················ 1
第二节 旅游景区开发的理论基础 ·········· 33

第二章 旅游景区资源的调查与评价 ············ 43
第一节 旅游景区资源的概述 ·············· 43
第二节 旅游资源的分类和调查 ············ 55
第三节 旅游资源的评价 ·················· 79

第三章 旅游景区形象的设计与传播 ············ 91
第一节 旅游景区形象系统概述 ············ 91
第二节 旅游景区形象定位与形象设计 ······ 95
第三节 旅游景区的形象链设计 ············ 104

第四章 旅游景区空间布局设计与开发 ·········· 111
第一节 旅游景区空间布局 ················ 111
第二节 旅游景区空间布局方法及模式选择 ·· 128
第三节 旅游景区空间功能开发 ············ 140

第五章 旅游景区可持续发展规划 ·············· 150
第一节 可持续发展与旅游景区规划 ········ 150

第二节 旅游景区可持续发展的调控 ……………………… 153

第六章 旅游经济的发展趋势 …………………………… 162

第一节 旅游可持续发展 …………………………………… 162

第二节 智慧旅游 …………………………………………… 167

参考文献 ……………………………………………………… 173

第一章　旅游景区开发理论

第一节　旅游景区开发概述

一、旅游景区开发的定义

从目前来看，旅游景区开发是指依据当地条件，投入适当的资金，运用科学技术手段，通过科学的调查、评价、规划、建设、经营等，使旅游景区未被利用的资源得以利用，使已被利用的资源在利用的深度和广度上得到拓展的过程。

旅游景区开发是一项具有综合性和全面性的工作，其主要内容，除了对各类旅游吸引物进行选择、布局、改善外，还包括旅游供应设施、市政工程、公用事业设施的兴建、管理，接待机构的建立和旅游地工作人员的培训，等等。

二、旅游景区开发的历史和现状

旅游景区的开发是伴随着人类旅游活动的兴起而发展的。从古代到当代的人类旅游活动发展历程来看，旅游景区的开发也经历了不同的历史发展阶段，日趋科学、成熟。

根据文献研究，按照时间区段，旅游景区的开发历程可以被划分为古代、近代、现代和当代四个部分。下面分别从世界和中国两个空间尺度对其进行简要阐述。

（一）世界旅游景区的开发历程

世界旅游景区的开发从公元前27世纪到公元前26世纪就开始了，大致经历了四个开发阶段：古代的萌芽阶段、近代的概念开发阶段、现代的综合开发阶段和当代的系统开发阶段。

1. 古代的萌芽阶段（1840年以前）

世界上古代的旅游景区开发可以追溯到四千年前的古埃及和古巴比伦。公元前27世纪到公元前26世纪，古埃及人就建立了世界上最早的一批旅游景区，如埃及金字塔和狮身人面像（斯芬克斯）。公元前6世纪，古巴比伦人建立了一批向贵族开放的花园、庭院和文物博物馆。公元前5世纪，古希腊的提洛岛、德尔斐和奥林匹斯山成为世界著名的宗教圣地，宙斯神大祭期间举办的"奥林匹亚庆典"成为最负盛名的庆典，之后逐渐发展成现代的奥林匹克运动会。公元前4世纪，古罗马人就有了导游手册，主要介绍雅典、斯巴达和特洛伊等地的温泉和海滨度假胜地。罗马帝国时期，温泉疗养成为社会各阶层都喜爱的一种休闲活动，温泉度假胜地由保健中心变成了休闲、保健、娱乐和社交的场所。进入中世纪，出现了为朝圣者提供帮助的信徒证明和旅游指南，促进了早期以朝觐圣地为目的的大众旅游。14世纪，在欧洲大陆比利时的斯帕（Spa）建成了一座富含铁质矿泉的度假地，使欧洲的温泉度假热持续了几个世纪。1414年，英国的苏格兰圣安德鲁斯建成了世界上第一个标准的高尔夫球场（圣安德鲁斯老球场），从此高尔夫运动成为人们喜爱的一种户外娱乐活动。17到18世纪，人们对健康的关注促进了两种特殊类型旅游景区的开发：温泉疗养胜地和海滨度假胜地。文艺复兴时期，在追求自由和崇尚知识的社会背景下，以巴黎、威尼斯和佛罗伦萨等欧洲各大文化中心为旅游景区的大旅游（Grand Tour）演变成上流社会年轻人的时尚。

2. 近代的概念开发阶段（1841到1945年）

世界上近代的旅游景区开发是伴随着产业革命的步伐而逐步发展起来的。19世纪工业化和铁路系统的发展，刺激了中产阶级的旅游需求，为娱乐而旅游的观念逐渐形成，大众旅游成为社会各阶层的普遍选择。1841年7月5日，英国人托马斯·库克利用包租火车的方式组织了一次从莱斯特到拉夫堡的团体旅游，这次活动被公认为近代旅游和旅游业的开端。从此，温泉疗养胜地、海滨度假胜地、博物馆、美术馆、公园等成为人们休闲娱乐的场所。1851年，英国在伦敦的海德公园举办了一次大型博览会，从5月1日到10月11日，接待了来自世界各地的游客630万人次，这次划时代的"伟大的博览会"被世人确认为首届世界博览会。1853年，英国在伦敦动物园内建造了世界上第一座近代水族馆，成为水族馆从列车厢式向环道式、隧道式和遨游式演变的开端。1868年，挪威人利用滑雪往返两地参加社交活动，带动了娱乐性滑雪运动的发展。1905年滑雪运动被列入奥运会，1924年正式成为奥运会的比赛项目。1872年3月1日，美国国会批准在怀俄明州建立面积达898平方千米的黄石公园，并颁布了《黄石公园法案》，黄石公园被公认为世界上第一个国家公园，随后国家公园的概念在美国、加拿大、澳大利亚、新西兰等国被广泛推广。1889年，法国建成了高达312米的当时世界上最高铁塔——埃菲尔铁塔，成为巴黎引以为傲的著名标志性建筑物。1893年，美国芝加哥举办了纪念哥伦布的世界博览会，从事游乐园设备生产和游乐园设计的商家首次亮相，标志着游乐园进入了辉煌时代。1919年，英国林业委员会开始实施鼓励在指定地区种植指定树种的计划，从此诞生了森林公园的概念。1925年，扎伊尔（现刚果民主共和国）在维龙加火山建立了世界上第一座真正意义上的野生动物园。1910到1930年是机械游乐园的黄金时期，美国成为世界游乐园的开发先锋，在美国，旋转木马、摩天轮、过山车等刺激性游乐设施蔚然成风。

3. 现代的综合开发阶段（1946到1999年）

在此阶段，世界上现代的旅游景区开始走向综合化开发阶段。第二次世界大战结束以后，世界进入和平与稳定的发展时期，随着各国经济的复苏与发展，现代化的高新科技带来了交通工具（大型喷气式客机）、通信工具（长途电话、传真、手机、互联网）、娱乐设备（电视、乘骑项目）和住宿设施（现代饭店）的变革和创新，促进了国际性的大众旅游的快速发展。

在这种背景下，旅游景区进入了综合开发的黄金时代，旅游景区的产品日益丰富，功能逐渐完善，服务持续改进，经营注重创意，管理更加科学。世界上许多文化遗址得到妥善保护，并被开发为接待游客参观游览的世界著名景点，如英国伦敦的大英博物馆、德国的罗滕堡古城、意大利的比萨斜塔、埃及的金字塔、美国纽约的自由女神像、中国的长城等。

随着体验时代的到来，许多独具特色的农场、矿山、工厂等经济活动的场所为迎合旅游者消遣休闲的需求，加快了商业化进程，逐渐转变为旅游者喜爱的旅游景区。根据1995年的统计，英国的农场中已经有84%向游客开放，澳大利亚的葡萄园和葡萄酒厂中已经有83%全部或部分向游客开放。意大利、南非、匈牙利、法国等国家也开放了许多"农业旅游"和"工业旅游"的旅游景区。

主题公园因为采用现代科学技术和提供丰富多彩的娱乐体验而出现快速发展的趋势。1946年，荷兰的马都洛夫妇为了纪念死于第二次世界大战时期纳粹集中营的爱子，在海牙市郊投资兴建了世界上第一座"小人国"式的微缩旅游景区——马德罗丹，自1952年建成开放以来一直深受世界人民的喜爱。20世纪50年代，儿童乐园和购物中心成为广受欢迎的娱乐旅游景区。1955年7月17日，美国的迪士尼乐园建成开放，成为世界公认的主题公园的先驱。1961年，六旗游乐园的第一个主题公园在美国的得克萨斯州建成。随后，许多大公司纷纷投资兴建主题公园，使主题公园成为20世纪70年代以来发展最快的旅游景区类型。1963年，美国夏威夷在瓦胡岛的拉伊埃建立了波利尼西亚文化中心，开业以来一直是夏威夷收益最高的旅游景区。1971年，美国佛罗里达州的迪士尼世界建成开放。1977年1月10日，中国香港的海洋公园正式开放，1981年加拿大多伦多的加拿大奇幻乐园对外开放。1983年4月15日，日本的东京迪士尼乐园正式开业。1992年4月12日，法国的巴黎迪士尼乐园建成营业。1998年4月22日，美国佛罗里达州的迪士尼动物王国建成开放。

4. 当代的系统开发阶段（2000年至今）

进入21世纪后，随着经济的全球化和技术的高新化，人们的休闲娱乐方式更加个性化和多元化，世界范围内的旅游景区开发进入了整合资源、改进产品、完善功能、提升服务和创新管理的系统开发阶段。世界遗产、国家公园、森林公园、地质公园、野生动物园、游乐园、主题公园、乡村度假、海滨度假、温泉、滑雪、滑水、高尔夫、节日庆典等类型的旅游景区的世界性或国际性组织越来越活跃，国家层面的相关政策法规越来越完善和规范，旅游景区的客源市场越来越国际化，旅游景区的经营环境越来越市场化，旅游景区管理公司开始实现集团化。

（二）中国旅游景区的开发历程

中国旅游景区起源于历史悠久的古代园林，大致经历了四个开发阶段：古代的萌芽阶段、近代的低迷阶段、现代的兴旺阶段和当代的提升阶段。

1.古代的萌芽阶段（1840年以前）

古代的中国旅游景区开发主要表现为园林的建造活动，人们通常把1840年以前的中国园林称为古典园林。中国古典园林起源于商周时代的"囿"，即从天然地域中圈出一定的范围，挖池筑台，放养禽兽，作为帝王贵族狩猎取乐的地方。秦汉之际，原始的"囿"已经发展为游居结合的帝王宫苑。汉武帝时期扩建秦时的"上林苑"，纵横达150千米。魏晋南北朝时期，文人士大夫崇尚自然，寄情山水，营造了以自然山水为主体的私家园林。这类园林摒弃了以宫殿为主、禽兽充斥其中的宫苑形式，追求天然的情趣和超脱的境界，为后世的园林文化奠定了基础。随着佛教的东进与道教的传播，寺庙与风景融合的宗教园林随之而生。唐朝国力强盛，城市发达，帝王与文人士大夫都在城内外建造园林，享受山林之乐。宋代，大批画家和诗人参与园林建造，将诗情画意大量引入园林之中。明清时期是我国园林文化发展的鼎盛时期，所建造的园林数量和质量都大大超过历史上的任何时期。至此，中国古典园林的三大基本类型——皇家园林、私家园林和宗教园林发展到十分完美的境界，形成了鲜明的审美特征。

中国的古典园林注重选择天然山水胜景作为园址，然后采用模山范水的造园技法进行人为的改造建设，使人工建筑与自然风景协调起来，形成了一种立体的空间艺术美感，体现了人对自然的顺应和人与自然的协调。所以，古典园林是由建筑、山水、植物等组合而成的富有诗情画意的旅游景区类型。

2. 近代的低迷阶段（1841到1949年）

1840到1842年第一次鸦片战争期间，帝国主义列强打开了中国的国门，结束了中国封闭于世界历史潮流之外的格局，古老的中国遭遇到了强大的西方殖民主义的侵略，直到1945年第二次世界大战结束，中国才摆脱了帝国主义列强的侵略和国内军阀的混战局面。这期间，不仅出现了火烧圆明园这样的历史悲剧，而且大量的古典园林被帝国主义侵略者或国内军阀据为己有，中国的旅游景区开发处于历史上的最低迷阶段。1949年10月1日，中华人民共和国宣告成立，中国的旅游景区开发才迎来了新的春天。

3. 现代的兴旺阶段（1950到1999年）

中华人民共和国成立初期，中国政府为了继承传统、弘扬文化、建设城市、改善环境和丰富人民生活，在城市发展过程中配套建设了大量的休闲公园。这些城市休闲公园不仅继承了中国古典园林的优秀传统，而且吸收了西方城市公园的许多优点，增加了大面积的空地，添置了丰富多彩的体育运动器材，全面拓展了城市休闲公园休闲娱乐功能，使休闲公园成为城市的有机组成部分。传统的风景名胜区得到了有效的保护和利用，成为人民精神生活的重要内容。中国的旅游景区开发进入了全面复苏的发展阶段。

1978年11月，中国开始实行改革开放政策，中国的社会主义建设从此进入健康发展的轨道，中国旅游业呈现出欣欣向荣的蓬勃发展景象。改革开放以来，中国旅游业从接待入境旅游起步，通过跨越式的发展，逐步形成了入境旅游、国内旅游和出境旅游"三驾马车"齐头并进的局面，我国接待入境过夜游客数量和旅游外汇收入跃居世界前列，成为名副其实的世界旅游大国。

4. 当代的提升阶段（2000年至今）

进入21世纪以来，随着旅游大国地位的确立，中国旅游业的产业化和国际化水平不断提高。在产品层面上，旅游景区的类型和功能越来越丰富；在企业层面上，旅游景区的经营和管理越来越规范；在产业层面上，旅游景区的体系和发展战略越来越明晰，旅游景区越来越注重可持续发展。

（三）中国旅游景区的开发趋势

在互联网支持的信息化条件下，高新技术革命促进了生产力的快速发展，现代社会全面进入了休闲时代。在这种时代背景下，中国旅游景区的开发具有九个战略性趋势。

1. 开发理念的科学化

中国旅游景区的开发理念科学化是一个全方位、多层次的系统工程，它涉及战略规划、资源利用、企业角色、市场运营、政府协调以及法规制定等多个方面。在全球化与市场竞争日益激烈的今天，旅游景区如何科学定位、合理开发，以满足国内外游客的需求，促进地方经济与社会的发展，成为摆在我们面前的重要课题。

战略主导是中国旅游景区开发的核心。这意味着旅游景区的开发必须站在全局和长远的角度，制订科学的战略规划。我们要通过深入分析国内外旅游市场的变化趋势，把握旅游消费者的需求特点，结合自身的资源优势和产业特色，确定旅游景区的定位、发展方向和重点任务。同时，要注重战略的前瞻性和可操作性，确保规划的实施能够取得实效。

资源共享是旅游景区开发的重要原则。旅游景区往往拥有丰富的自然和文化资源，这些资源是旅游景区吸引力的源泉。在开发过程中，要充分挖掘和利用这些资源，实现资源共享、互利共赢。通过加强区域合作，打破行政壁垒，推动旅游资源的整合和优化配置，形成具有地方特色的旅游产业集群。

企业担纲是旅游景区开发的关键。企业在旅游景区开发中扮演着重要的角色，是推动旅游产业发展的主力军。企业要充分发挥自身的市场主体作用，积极参与旅游景区的开发建设和经营管理。通过引入市场机制，激发企业的创新活力和发展动力，提高旅游景区的服务质量和市场竞争力。

市场运作是旅游景区开发的重要手段。在旅游景区的开发过程中，要遵循市场规律，充分发挥市场在资源配置中的决定性作用。通过深入研究市场需求和消费者行为，制定具有针对性的营销策略和推广方案，吸引更多的游客前来游览。同时，要注重旅游产品的创新和升级，满足游客多样化的需求，提升旅游景区的吸引力。

政府协调是旅游景区开发的重要保障。政府在旅游景区开发中发挥着重要的协调作用。政府要加强政策引导和支持，为旅游景区的开发提供良好的政策环境和条件。政府应通过制定优惠政策、加强基础设施建设、完善公共服务体系等方式，推动旅游景区的快速发展。同时，政府还要加大监管和执法力度，确保旅游市场的规范有序。

法规制衡是旅游景区开发的法治保障。在旅游景区的开发过程中，要严格遵守相关法律法规，确保开发活动的合法性和规范性。通过完善旅游法律法规体系，加大执法力度，加强司法保障，维护旅游市场的公平竞争和旅游消费者的合法权益。

统筹发展是旅游景区开发的最终目标。旅游景区的开发要注重经济效益、社会效益和生态效益的协调发展，通过科学规划、合理布局、严格管理等方式，实现旅游产业的可持续发展和地方经济的全面繁荣。

中国旅游景区开发理念的科学化是一个复杂而系统的工程，需要政府、企业和社会各界的共同努力和协作。只有以习近平新时代中国特色社会主义思想为指导，完整准确全面贯彻新发展理念，充分把握市场竞争的国际化环境特征，才能推动旅游景区的健康发展，为地方经济和社会的发展做出更大的贡献。

2.资源利用的永续化

资源利用的永续化对于中国旅游景区的开发来说，是一个至关重要的原则。在长期的开发过程中，各旅游景区逐渐认识到，仅仅追求短期的经济利益是远远不够的，必须兼顾生态环境、社会文化和经济效益的协调发展，实现资源的可持续利用。

在过去，一些旅游景区为了追求短期的经济效益，盲目地进行破坏性开发，导致生态环境恶化、安全事故频发、环境污染加剧、景观破坏明显、资源耗损严重等问题的出现。这些问题不仅严重影响了旅游景区的可持续发展，也对当地生态环境和居民生活造成了极大的破坏。

然而，随着人们对可持续发展理念的深入理解和实践，中国旅游景区逐渐开始转变开发方式，从盲目的破坏性开发走向理性的保护性开发。在资源利用过程中，旅游景区坚持自主创新，不断探索适合自身特点的可持续发展模式。旅游景区要注重生态环境的保护和修复。在开发过程中，严格遵守国家相关法规和标准，合理规划旅游线路和活动区域，避免对生态环境造成破坏。同时，要加强对旅游区内植被、水源等自然资源的保护，确保生态环境的稳定和健康。旅游景区还要注重防范和应对安全问题。建立健全安全管理制度，加强对旅游设施、交通工具等的安全检查和维护，确保游客的人身安全。同时，制定应急预案，提高应对突发事件的能力，确保在紧急情况下能够及时有效地处理突发问题。旅游景区还必须注重环境污染的治理和景观的保护，加强对旅游区内垃圾、污水等污染物的处理和管理工作，防止对周边环境造成污染。同时，加强对景观资源的保护和管理，保持其原始风貌和特色，为游客提供优质的旅游体验。旅游景区在开发过程中也要注重资源的节约和循环利用。通过采用先进的节能技术和环保材料，减少能源消耗和环境污染；通过合理规划和管理旅游资源，提高资源利用效率，降低资源耗损。

3. 治理结构的多元化

中国旅游景区的治理结构多元化，是在深入推进市场化改革、优化资源配置、提升运营效率的大背景下逐步形成的。这一变革不仅有助于理顺所有权与经营权的关系，打破传统公有国营的局限，更是推动旅游景区健康、可持续发展的关键一环。

随着市场经济的深入发展，旅游景区作为重要的经济和文化载体，其治理结构亟须与时俱进。过去，所有权与经营权相统一的公有国营模式在一定程度上限制了旅游景区的创新活力和市场竞争力。因此，实现治理结构的多元化，成为旅游景区开发的重要方向。在多元化治理结构的探索中，中国旅游景区逐渐形成了国有企业经营、股份制企业经营、整体租赁经营等多种模式并驾齐驱的局面。这些模式各具特色，互为补充，共同推动了旅游景区产业的快速发展。

国有企业经营模式在旅游景区开发中发挥着重要作用。国有企业凭借其强大的资金实力和资源优势，能够承担大型旅游项目的开发和运营。同时，国有企业还承担着社会责任，注重保护生态环境和文化遗产，为旅游景区的可持续发展提供了有力保障。股份制企业经营模式则通过引入社会资本，实现了旅游景区的市场化运作。股份制企业注重经营效益和市场竞争力，通过优化资源配置、提升服务质量等方式，吸引更多游客前来游览。此外，股份制企业还具有较强的创新能力和风险抵御能力，能够应对市场变化和挑战。整体租赁经营模式则是一种较为灵活的方式。通过将旅游景区整体租赁给有实力的企业或个人进行经营，实现了所有权与经营权的分离。这种模式有助于激发经营者的积极性和创造力，提高旅游景区的运营效率和服务水平。同时，整体租赁经营模式还能够减轻政府的财政负担，实现旅游景区的市场化运作。

在多元化治理结构下，所有者、居民、经营者、旅游者和监管者等多方利益主体形成了相互制衡的健康关系。所有者作为旅游景区的产权人，享有收益权和管理权；居民作为当地社区的重要成员，参与到旅游景区的开发和运营中，分享旅游发展带来的红利；经营者则通过提供优质的旅游产品和服务，收获经济效益和社会效益；旅游者作为旅游景区的消费者，其满意度是衡量旅游景区成功与否的重要标准；监管者则负责监督旅游景区的运营和管理，维护市场秩序和公平竞争。

通过构建多元化治理结构，中国旅游景区在开发过程中实现了资源的优化配置和效益的最大化。各种经营模式相互补充、相互促进，共同推动了旅游景区的健康发展。同时，多方利益主体的制衡关系也确保了旅游景区的可持续发展，实现了经济效益、社会效益和生态效益的协调统一。

4.资本运作的理性化

在过去，由于市场需求旺盛和投资回报诱人，许多旅游景区在资本运作上往往采取高强度的开发性投资策略，过度依赖大规模的资本投入来推动景区的快速发展。然而，这种短期的、急功近利的资本运作方式往往会导致资本结构不合理、债务风险加剧、运营效率低下等一系列问题，最终影响景区的可持续发展。

随着旅游市场的逐渐成熟和竞争的加剧，中国旅游景区开始意识到资本运作理性化的重要性。各景区逐渐从高强度的开发性投资转向高频率的经营性融资，更加注重通过优化资本结构、提高运营效率、降低财务风险等方式来实现自身的可持续发展。

在资本运作转向理性化的过程中，旅游景区首先关注的是基础性设施的投资。交通设施、接待设施、服务设施、生活设施等是景区发展的基础，它们的完善程度直接影响着游客的旅游体验和景区的运营效益。因此，景区在投资这些基础性设施时，不再像过去那样盲目追求规模和数量，而是更加注重质量和效益。他们开始根据市场需求和景区实际情况，制订合理的投资计划，确保每一笔投资都能带来实实在在的经济效益和社会效益。除了基础性设施的投资外，旅游景区还注重通过经营性融资来优化资本结构。他们积极与金融机构合作，通过贷款、债券、股权等多种方式筹集资金，为景区的发展提供稳定的资金来源。同时，景区还加强内部管理，提高运营效率，降低成本开支，从而增加经营性现金流，缓解资金压力。

资本运作的理性化还体现在对财务风险的控制上。旅游景区在资本运作过程中，更加注重风险评估和管理，确保投资风险在可控范围内。他们通过建立完善的财务风险预警机制，及时发现和解决潜在的财务风险，保障景区的稳健运营。通过理性化的资本运作，中国旅游景区逐渐度过了大面积资本紧缺的困难时期，经营业绩明显改善，不仅实现了稳定的收入增长，还提高了服务质量和游客满意度，增强了市场竞争力。同时，景区的可持续发展能力也得到了提升，为未来的长远发展奠定了坚实的基础。

5. 商业模式的精致化

中国旅游景区商业模式的精致化，不仅是旅游行业发展的必然趋势，也是适应市场变化、提升竞争力的关键举措。在长期的快速增长中，中国旅游景区规模不断扩大，但供求关系也随之发生了深刻的变化。市场主动权逐渐从经营者手中转向旅游者手中，这要求旅游景区必须转变传统的商业模式，从粗放型向精致化转变。过去，许多旅游景区过于依赖门票收入，将其作为主要的盈利点，但这种模式已经难以满足现代旅游市场的需求。随着游客消费观念的升级和旅游市场的竞争加剧，单纯的门票收入已经难以支撑旅游景区的持续发展。因此，中国旅游景区必须寻找新的盈利点，构建多元化的价值链和收益体系。

在盈利点的选择上，旅游景区应该根据自身的资源和特色，深入挖掘潜在的商业价值。除了门票收入外，还可以开发特色旅游商品、提供个性化的旅游服务、举办文化旅游活动等，以吸引更多游客并增加收入来源。同时，旅游景区还可以与周边产业进行合作，形成产业链效应，共同推动区域经济的发展。在价值链的构建上，旅游景区应该注重各个环节的衔接和协调。从游客的需求出发,提供全方位的旅游服务,包括交通、住宿、餐饮、娱乐等各个方面。同时,加强旅游产品的创新和升级,提升旅游体验的品质和水平。通过优化价值链,实现资源的共享和价值的最大化。在收益体系的构建上,旅游景区应该注重长期效益和可持续发展。除了短期的经济收益外,还应该考虑生态环境、文化遗产保护等社会效益。通过制定合理的价格策略、加强市场营销和品牌推广等方式,提高旅游景区的知名度和美誉度,从而吸引更多游客并增加收益。

在商业模式精致化的过程中,中国旅游景区还需要注重科技创新和数字化转型。借助现代科技手段,提升旅游景区的运营效率和服务质量。例如,利用大数据和人工智能技术,分析游客的消费行为和需求特点,为游客提供更加精准和个性化的服务;通过虚拟现实和增强现实技术,打造沉浸式的旅游体验,提升游客的满意度和忠诚度。

此外,中国旅游景区还应该加强与国际旅游市场的交流与合作。借鉴国际先进的商业模式和管理经验,提升自身的竞争力和影响力。同时,积极参与国际旅游合作和交流活动,推动中国旅游景区的国际化进程。

6. 产品功能的人性化

产品功能的人性化,是中国旅游景区在近年来发展中呈现出的一个显著趋势。在旅游产品的设计上,越来越多的景区开始注重游客的体验和需求,将"以人为本"的理念贯穿于产品开发的全过程。在过去,很多旅游景区主要以提供观光服务为主,游客来到景区,拍照留念,然后匆匆离去。然而,随着人们生活水平的提高和旅游观念的转变,单纯的观光旅游已经不能满足游客的需求,游客们更希望在旅途中获得深度的体验,感受到景区的特色和魅力。

中国旅游景区在产品功能设计上进行了大刀阔斧的改革，开始从观光型转向度假型，为游客提供更加多样化的旅游体验。度假型景区不仅拥有美丽的自然风光，还融合了文化、娱乐、休闲等多种元素，让游客在景区内能享受到全方位的旅游服务。这种转变并非一蹴而就，而是需要景区在规划、建设和运营等多个环节进行精心的设计和考量。首先，景区需要对游客的需求进行深入的研究，了解他们的旅游偏好和消费习惯。基于这些研究，景区可以设计出更符合游客期望的旅游产品。在产品功能的人性化设计过程中，景区特别注重设施和服务的舒适度和便捷性。比如，在景区内设置充足的休息区域，提供便捷的导览服务，以及完善的餐饮和住宿设施。这些细节，都让游客在旅途中感受到更多的关怀和温暖。除了硬件设施的完善，景区还注重软件服务的提升。他们加强对员工的培训，强化员工的服务意识和专业技能。员工们热情周到的服务，让游客在景区内感受到家的温暖。

产品功能的人性化还体现在景区对特殊群体的关照上。很多景区都设置了无障碍设施，方便老年和残疾游客的游览。同时，景区还提供婴儿车租赁服务、儿童游乐设施等，让以家庭为单位的游客也能在景区内享受到愉快的时光。

随着产品功能的人性化，深度体验旅游逐渐成为主流。游客们不再满足于走马观花式的游览，而是希望在景区内停留更长时间，深入了解景区的文化和历史。为了满足游客的这一需求，很多景区都推出了丰富的体验活动，如手工艺品制作、民俗表演、农耕体验等。这些活动让游客亲身参与其中，感受到景区的独特魅力。

7.市场营销的技术化

中国旅游景区在市场营销方面的技术化变革，不仅提升了景区品牌的市场竞争力，还极大地促进了旅游产业的持续健康发展。这一转变不仅仅是策略层面的调整，更是对市场需求和消费者行为深刻洞察后的精准应对。

过去，旅游景区的市场营销多停留在产品营销、品牌营销和区域营销的层面，这些方式虽然在一定程度上推动了景区的发展，但随着市场的变化和消费者需求的升级，其局限性逐渐显现。产品营销往往只关注产品的功能和特点，而忽视了消费者的体验和情感需求；品牌营销则过于依赖品牌的历史和口碑，缺乏创新和差异化；区域营销则受限于地域范围，难以突破地域限制，实现更广泛的市场覆盖。

中国旅游景区在市场营销过程中，积极探索新的方式和方法，逐步采取功能营销、形象营销和网络营销等方式。功能营销强调以消费者需求为导向，通过深入了解消费者的需求和痛点，提供具有针对性的旅游产品和服务。这种营销方式注重产品的实用性，能够满足消费者的实际需求，提升消费者的满意度和忠诚度。形象营销则注重景区品牌的塑造和传播。通过精心设计的视觉形象、文化内涵和品牌形象，打造独特的景区形象，提升景区的知名度和美誉度。这种营销方式不仅能够吸引更多游客前来游览，还能够增强游客对景区的认同感和归属感。网络营销则充分利用互联网和新媒体的优势，通过线上平台推广景区产品和服务，实现与消费者的实时互动和精准营销。网络营销具有传播速度快、覆盖面广、成本低等特点，能够帮助景区快速占领市场，提升市场竞争力。

此外，中国旅游景区在市场营销技术化过程中，还注重数据分析和市场调研的运用。通过收集和分析消费者数据，了解市场需求和消费者行为特点，为制定更加精准的营销策略提供有力支持。同时，加强市场调研，及时掌握市场动态和竞争对手情况，为景区的发展提供决策依据。

8.经营管理的专业化

经营管理的专业化是中国旅游景区开发过程中不可或缺的一环，它直接决定了景区的运营效率、服务质量和市场竞争力。在当前旅游市场竞争日益激烈的背景下，专业化的经营管理对于推动旅游景区持续健康发展具有重要意义。

中国旅游景区在经营管理过程中，始终坚持能力提升的原则，通过引进先进的管理理念和方法，推动景区经营管理向专业化、精细化方向发展。各景区管理层充分认识到，专业化管理是提升景区经营效益的关键所在，因此不断加强内部管理，优化组织结构，提高管理效率。专业化管理促进了旅游景区集团化经营的实现。通过整合优质旅游资源，形成规模化的旅游产业集群，景区能够更好地发挥协同效应和规模效应，提高整体竞争力。同时，集团化经营也有助于景区统一品牌形象、服务标准和营销策略，提升市场影响力和品牌价值。

在经营管理过程中，旅游景区还逐步实现了从速度型发展向质量型发展的转变。过去，一些景区为了追求短期的经济效益，盲目追求游客数量的增长，忽视了服务质量和游客体验。然而，随着市场竞争的加剧和游客需求的升级，这种速度型的发展模式已经难以为继。因此，景区开始注重提升服务质量、优化游客体验，通过提供高品质的旅游产品和服务，吸引更多游客前来游览。

同时，旅游景区还从规模型发展向效益型发展转变。过去，一些景区过于追求规模扩张，导致投资过大、运营成本过高，而经济效益却并不理想。现在，景区开始注重提高经营效益，通过优化资源配置、降低运营成本、提高经营效率等方式，实现经济效益和社会效益的双赢。为了实现旅游景区经营能力的转型升级，景区还加强了人才培养和引进工作。通过举办培训班、开展交流活动等方式，提高景区管理人员的专业素养和管理能力；同时，积极引进外部优秀人才，为景区的发展注入新的活力。

专业化的经营管理不仅增强了旅游景区的核心竞争力，还提升了其规模经济效应。通过优化资源配置、提高运营效率，景区能够更好地满足游客需求，提升游客满意度和忠诚度；同时，也能够更好地应对市场变化和挑战，保持持续稳健的发展态势。

9. 产业形态的系统化

中国旅游景区在产业形态的系统化演进中，呈现出一种梯度推进、逐步深化的趋势。这一转变不仅体现了旅游景区产业的成熟，更是对市场需求和时代变革的积极回应。

在产业形态的系统化演进中，中国旅游景区逐渐摆脱了资源垄断型的单一经济形态，转向价值共享型的混合经济形态。过去，许多旅游景区过分依赖自然资源，通过门票收入等单一手段谋求经济效益。然而，随着市场竞争的加剧和消费者需求的多样化，这种单一经济形态已经难以适应时代的发展。因此，旅游景区开始积极探索多元化的营利模式，通过开发特色旅游商品、提供个性化旅游服务、举办文化节庆活动等方式，实现旅游产业链的延伸和价值的最大化。同时，旅游景区也逐渐从封闭式的围栏经济形态向开放式的区域经济形态转变。过去，旅游景区往往采用封闭式管理方法，限制了游客的活动范围和旅游资源的共享。然而，随着旅游业的快速发展和区域合作的加强，旅游景区开始打破这种封闭状态，与周边地区实现资源共享、优势互补。通过加强与周边产业的融合与互动，形成了旅游产业集群和产业链，推动了区域经济的整体发展。

三、旅游景区开发的类型

（一）按开发形式划分

1. 新建旅游景区

即对原本未开发的旅游景区资源进行开发利用的旅游景区。

2. 旅游景区改造

即对原有的旅游景区进行更新改建。

3. 旅游景区扩建

由于市场需求的增加，旅游景区的原有规模不再适应旅游需求，在现有的基础上进行扩大，投资新的项目，建设新的景点。

4. 增加旅游景区内服务设施

如增加新的饭店、餐馆、购物商店，以改善服务或鼓励旅游者二次消费。

5. 增设新的活动项目

如增设节庆活动、民俗节、大型会议、体育赛事等。

（二）按开发对象划分

1. 资源型旅游景区开发

包括开发风景名胜区、自然保护区、世界自然文化遗产和地质公园等。

2. 主题型旅游景区开发

包括开发旅游度假区、森林公园、历史文化名城、观光休闲区、生态旅游区、旅游扶贫开发试验区和主题公园等。

四、旅游景区开发的特点

(一) 多元性

旅游景区开发是一项多元性极强的综合性技术工程，它涵盖了众多要素，每一个要素都具有独特的价值和功能，共同构成了旅游景区丰富而多元的面貌。

旅游吸引物的开发是旅游景区开发的核心。这主要指的是风景资源体的开发，包括自然景观、人文景观等各类旅游资源。这些资源是吸引游客的关键，是旅游景区存在的基石。在开发过程中，必须充分考虑如何凸显这些资源的独特性和魅力，通过科学的规划和设计，使它们能够以最佳的状态展现在游客面前，为游客带来深刻的旅游体验。仅有旅游吸引物是远远不够的，旅游设施的开发同样重要，它包括旅游服务设施和基础设施两大类。旅游服务设施，如酒店、餐馆、娱乐设施等，为游客提供了必要的服务保障，确保他们在旅游过程中的舒适和便利；而基础设施，如交通、通信、供电、供水等，则是旅游景区正常运营的基础，它们保障了旅游活动的顺利进行。

在开发旅游设施时，需要充分考虑其与旅游吸引物的协调和互补。一方面，旅游设施应该与旅游吸引物的风格和特色相契合，避免出现风格不搭或功能重复的情况；另一方面，旅游设施应该能够弥补旅游吸引物的不足，完善游客的服务体验。

此外，内外交通的开发也是旅游景区开发中不可忽视的一环。交通是连接游客和旅游景区的桥梁，是游客能够顺利到达和游览景区的前提条件。

因此，在开发过程中，必须注重交通的便利性和安全性，确保游客能够方便快捷地到达景区，并在景区内相对自由地活动。

需要强调的是，旅游景区开发中的多元性并不仅仅体现在要素的多样性上，还体现在这些要素之间的相互作用和影响上。在开发过程中，必须充分考虑这些要素的科学配置和整合，使它们能够形成一个有机整体，共同为提升旅游景区的品质和吸引力贡献力量。

旅游景区开发的多元性特点体现在其涵盖的众多要素以及这些要素之间的相互作用和影响上。在开发过程中，必须注重每一个要素的开发和整合，确保它们能够相互协调、相互补充，共同构成一个具有独特魅力和吸引力的旅游景区。只有这样，才能够满足游客日益多样化的需求，推动旅游景区的可持续发展。

（二）多层性

旅游景区开发的空间布局往往呈现出多层性的特点，这是由于景区包含了大大小小、各具特色的景点、景观和景物。这些不同规模和层次的元素相互交织，共同构成了景区的独特魅力。在规划设计过程中，需要根据不同景点的特点和需求，制定相应的内容与标准，以确保整体开发的协调性和统一性。

旅游景区开发的多层性体现在景点的规模上。大型景点往往具有更广阔的空间和更丰富的资源，能够容纳更多的游客，提供多样化的旅游体验。在规划设计时，需要充分考虑大型景点的承载能力，合理安排游客流线，确保游客的安全和舒适。同时，还要注重景点的文化内涵和景观特色，打造具有独特魅力的旅游目的地。小型景点虽然规模较小，但同样具有独特的魅力。这些景点可能以某一特定的文化、历史或自然景观为主题，为游客提供独特的体验。在规划设计时，需要注重突出小型景点的特色，通过精细化的设计和管理，提升游客的满意度和忠诚度。

此外，旅游景区开发的多层性还体现在景观的层次上。景区内的景观元素包括自然景观和人文景观两大类。自然景观如山体、森林、河湖等，为游客提供了亲近自然的机会；人文景观如古建筑、历史遗迹、民俗风情建筑等，则让游客感受到浓厚的文化氛围。在规划设计时，需要充分考虑不同景观元素的特点和价值，通过合理的布局和组合，形成层次丰富、特色鲜明的景观体系。

景物作为景区内的微观元素，同样具有不可忽视的作用。一草一木、一砖一瓦都可能成为游客眼中的美景。在规划设计时，需要注重细节处理，通过精心设计和布置，让每一个景物都能为景区增添一份独特的魅力。

（三）动态性

旅游景区开发，无疑是一个充满活力和变化的过程，其显著特点之一就是动态性。这种动态性不仅体现在空间上的扩展与演变，也体现在时间上的逐步深化与调整。旅游景区开发总是从一个小规模的、具有单一功能的地点开始，逐步扩大，最终成为一个多元化、综合性的旅游目的地。

空间动态性是旅游景区开发的一个重要特征。随着开发的深入，旅游景区的范围会不断扩大，会不断出现新的景点和设施。这种空间上的扩张，不仅增加了旅游景区的面积和容量，也丰富了旅游产品的种类和层次。同时，旅游景区内部的空间布局也会随着开发的推进而不断优化，各个景点和设施之间的联系会更加紧密，游客的旅游体验也会更加顺畅和舒适。时间动态性则是旅游景区开发的另一个显著特点。随着市场的变化和需求的升级，对旅游景区开发的要求和规定也会不断调整和完善。因此，通常会将开发过程分为近期、中期和远期三个阶段，每个阶段的开发重点和目标都会有所不同。在近期开发中，主要关注基础设施的建设和基本旅游功能的完善；在中期开发中，注重提升旅游景区的品质和服务水平，增强市场竞争力；在远期开发中，则更加注重旅游景区的可持续发展和生态保护，实现经济效益和社会效益的双赢。

五、旅游景区开发的原则

（一）独立性原则

在旅游景区开发中，独立性原则是一个至关重要的指导方针。这一原则强调在开发过程中应突出旅游资源的个性，充分揭示和发现其独有的特色，并将各项旅游资源有机地结合起来，形成一个鲜明的主题。遵循这一原则可以有效地树立当地的旅游形象，给游客留下深刻的印象。

独立性原则要求旅游景区在开发旅游资源时，必须深入挖掘资源的内在独特性。每个旅游景区都有其独特的自然景观、人文历史、民俗风情等，这些都是构成景区特色的重要元素。在开发过程中，旅游景区需要对这些元素进行细致的研究和分析，找出独特之处，并将其作为景区的核心竞争力。独立性原则强调将各项旅游资源有机地结合起来。在景区开发中，不能仅仅关注某一方面的资源，而应将自然景观、人文景观、服务设施等多个方面进行综合考虑。通过合理规划和布局，将这些资源有机地融合在一起，形成一个和谐统一的整体。这样不仅可以提升景区的整体品质，还能为游客提供更加丰富多彩的旅游体验。

独立性原则还要求旅游景区树立鲜明的旅游形象。一个成功的旅游景区必须具有独特的形象和品牌，这是吸引游客、提升竞争力的关键。在开发过程中，景区需要根据自身特色和资源，打造出一个独特的旅游形象，并通过各种渠道进行宣传和推广。这样不仅可以提高景区的知名度和美誉度，还能增强游客对景区的认同感和归属感。

景区在开发过程中要注重创新和差异化。在旅游市场竞争日益激烈的今天，一个景区只有不断创新和保持差异化，才能在众多景区中脱颖而出。因此，在开发过程中，景区需要注重创意和创新，打破传统开发模式的束缚，尝试新的开发理念和方式。同时，还需要关注市场需求和游客需求的变化，及时调整开发策略和产品定位，以满足游客的多样化需求。

（二）市场导向原则

在旅游景区开发的过程中，市场导向原则发挥着至关重要的作用。这一原则强调旅游资源的开发应紧密结合旅游市场的实际需求，以旅游者的满意度和体验感受为最高标准，确保景区的可持续发展。

市场导向原则要求旅游景区开发者深入调研旅游市场的需求变化。旅游者的动机和需求是多样且多变的，不同的旅游者群体有着不同的兴趣和偏好。因此，开发者需要通过问卷调查、访谈、数据分析等多种手段，全面了解旅游市场的现状和发展趋势，把握旅游者的消费心理和行为特点。市场导向原则强调旅游资源开发的针对性和实效性。在了解市场需求的基础上，景区开发者需要针对旅游者的需求和喜好，选择具有吸引力的旅游资源进行开发。同时，开发过程中应注重资源的优化配置和高效利用，确保景区的品质和特色。

此外，市场导向原则还要求旅游景区开发者具备敏锐的市场洞察力和灵活的应变能力。随着旅游市场的不断发展变化，新的旅游需求和趋势不断涌现。景区开发者需要密切关注市场动态，及时调整开发策略和方向，确保景区始终保持吸引力和竞争力。

在实践中，市场导向原则的应用需要贯穿整个旅游景区开发过程。从规划阶段开始，就需要对旅游市场进行深入分析，明确目标市场和自身定位。在开发阶段，要注重资源的整合和创新，打造具有独特魅力的旅游产品和服务。在运营阶段，要不断优化旅游体验，提升游客满意度和忠诚度。值得一提的是，市场导向原则并不意味着盲目迎合市场。在开发过程中，还必须注重资源的保护和可持续利用，避免过度开发和破坏环境。同时，也要注重文化传承和创新，确保景区的文化内涵和特色得以传承和发扬。

（三）效益原则

效益原则的核心在于通过科学规划和合理配置，使旅游资源的潜力得到最大化释放。旅游资源的开发，不应仅仅局限于对自然或人文景观的简单呈现，更应注重其使用价值的提升和吸引力的增强。这要求在景区的开发过程中，开发者要深入研究和了解目标游客群体的需求和偏好，结合资源特性，设计出能够引起游客共鸣、激发其探索欲望的旅游产品和体验项目。同时，效益原则也强调经济效益的获得应建立在合理投资和高效建设的基础之上。资金和资源是有限的，因此景区开发管理者必须精打细算，力求以最小的投入获得最大的产出。这要求开发团队在项目策划、设计、施工等各个环节中，都应充分考虑到成本效益比，优先选择那些性价比高、回报周期短的方案。

效益原则还关注旅游景区的可持续发展。在追求经济效益的同时，景区不能忽视对生态环境的保护和对文化遗产的传承。只有确保旅游资源的永续利用和景区的生态平衡，才能实现经济效益和社会效益的双赢。因此，在开发过程中，景区应注重融入环保和生态理念，确保各项建设活动符合相关法规和标准，避免对环境和文化造成不可逆的损害。

为了贯彻效益原则，旅游景区需要采取一系列具体措施。首先，加强市场调研和需求分析，精准定位目标游客群体，为产品开发提供有力支撑。其次，优化项目策划和设计，注重创新性和独特性，提升旅游产品的吸引力和竞争力。再者，加强项目管理和成本控制，确保各项建设活动的高效推进和优质完成。最后，注重营销和推广工作，提升景区的知名度和影响力，吸引更多游客前来游览和消费。

（四）保护原则

保护原则强调，旅游资源的保护是开发利用的前提和基础，任何形式的开发都应以保护资源为前提，确保资源的可持续利用。

保护原则体现了对自然和文化遗产的尊重与珍视。旅游景区往往蕴含着丰富的自然资源和文化遗产，这些资源是人类文明和自然演化的珍贵见证。在开发过程中，景区必须充分认识到这些资源的独特性和不可再生性，以高度的责任感和使命感去保护它们，确保它们能够世代相传，为后人留下宝贵的财富。

保护原则是实现旅游景区可持续发展的关键。旅游资源的开发利用与保护之间存在着密切的联系，只有保护好资源，才能确保旅游景区的长久魅力，吸引更多的游客。同时，通过科学合理的开发方式，景区可以实现资源的可持续利用，避免过度开发和破坏环境。这不仅可以为当地带来持续的经济效益，还可以促进生态环境的保护和修复，实现人与自然的和谐共生。保护原则还有助于提升旅游景区的品质和形象。一个注重资源保护的旅游景区，往往能够给游客留下深刻的印象和美好的回忆。游客在欣赏美景的同时，能看到景区对资源的珍视和保护，从而增强对景区的信任感和归属感。这种良好的口碑和形象，对于提升旅游景区的知名度和吸引力具有重要意义。

（五）综合原则

在开发过程中，应充分考虑旅游资源的多样性和互补性，通过综合开发，将不同类型的旅游资源有机地整合在一起，形成一个多元化的、具有整体性的旅游目的地。

旅游资源的多样性是旅游景区开发的重要基础。一个旅游景区往往包含自然景观、人文景观、历史文化、民俗风情等多种类型的资源。这些资源各具特色，各有吸引力，但同时也存在一定的差异性和互补性。因此，在开发过程中，景区需要全面考虑这些资源的类型和特点，进行有针对性的规划和设计。综合原则的核心在于通过综合开发，将不同类型的旅游资源结合为一个整体。这要求景区在开发过程中，注重各类资源之间的内在联系和相互依存关系，通过合理的空间布局和功能分区，将它们有机地融合在一起。

在综合开发的过程中，景区还需要注重提高旅游资源的品位和知名度。通过深入挖掘各类资源的文化内涵和历史价值，提升它们的文化品位和艺术价值；同时，通过加强宣传和推广工作，提高旅游景区的知名度和影响力，吸引更多的游客前来游览和消费。

此外，综合原则还强调在开发过程中要注重生态平衡和环境保护。旅游资源的开发和利用必须以保护生态环境为前提，避免过度开发和滥用资源，确保旅游景区的可持续发展。在开发过程中，景区需要采取有效的措施，保护自然环境和文化遗产，维护生态平衡和生物多样性，为游客提供一个优美、舒适、安全的旅游环境。

（六）美学原则

美，作为吸引旅游者的核心要素，是景区开发中不可或缺的一部分。因此，景区必须充分应用美学原理，注重多种美的结合、体现和传递，努力提升旅游资源的美感，从而提升其吸引力。

美学原则强调旅游景区开发要保证自然景观与人文景观的和谐统一。自然景观以其壮丽、秀美的风光吸引着游客的目光，而人文景观则以其深厚的历史文化底蕴和独特的民俗风情让游客流连忘返。在开发过程中，景区应注重二者的有机结合，使游客在欣赏美景的同时，也能受到文化和历史的熏陶。美学原则要求旅游景区的开发要注重色彩、形态、线条等视觉元素的运用。色彩是营造美感的重要手段，通过合理的色彩搭配，可以营造出不同的氛围。形态和线条则是构成景区空间感的关键要素，通过巧妙的设计，可以打造出富有层次感和动态感的景区空间。在开发中，景区应善于运用这些视觉元素，创造出独具特色的景观。此外，美学原则还强调旅游景区的开发应注重意境的营造。意境是景区美学的灵魂，在开发中，景区应深入挖掘自身的文化内涵和特色，通过精心设计和布局，营造出独特的意境和氛围，让游客在游览过程中感受到美。

旅游景区的开发还应该注重动态美与静态美的结合。动态美体现在景区内的流水、飞鸟等自然元素中，给游客带来生动、活泼的感官体验；而静态美则体现在山峦、建筑、雕塑等人文景观中，给游客带来宁静、深远的审美享受。

美学原则要求旅游景区开发注重创新与传统的融合。传统美学是民族文化的瑰宝，而创新则是推动景区发展的动力。在开发中，景区应既尊重传统美学原则，继承和发展优秀的民族文化传统，又注重创新思维的引入，使景区在保持传统韵味的同时，展现出时代的气息和活力。

（七）有序化原则

有序化原则指的是在资源众多、条件各异的情况下，必须明确区分轻重缓急，采取择优开发、保证重点的策略，确保开发工作的有序进行。

有序化原则的核心在于实现旅游景区的战略性发展。旅游资源的开发是一个渐进的、分阶段的过程。因此，开发团队需要从全局出发，对旅游资源进行统筹规划，明确开发的目标、重点和时序。有序化开发可以确保旅游景区的建设与发展符合整体战略规划，避免盲目开发和无序竞争。

在有序化原则的指导下，景区需要对旅游资源进行择优开发。由于旅游资源数量众多、类型多样，景区在开发过程中必须有所选择、有所侧重。具体而言，应优先开发那些条件优越、基础较好、具有较大市场潜力的旅游资源，通过集中资金、技术和人才等要素，实现重点突破和快速发展。

同时，有序化原则还要求我们在开发过程中保证重点。在旅游景区的建设中，开发者需要明确哪些项目是核心、哪些是辅助，哪些是关键的、哪些是次要的。通过明确重点，可以确保有限的资源和资金得到合理的分配和使用，避免资源的浪费和效率低下。此外，有序化原则还强调在开发过程中应遵循先易后难、先急后缓、集小为大的发展顺序，这意味着在开发初期应优先选择那些条件成熟、易于实施的项目进行开发，随着开发的深入和经验的积累，再逐步推进难度更大、要求更高的项目。采用这种逐步推进的方式，可以确保旅游景区开发的稳步进行，降低风险并提高成功率。

（八）三大效益统一原则

旅游景区的开发必须始终坚持三大效益统一原则，即经济效益、社会效益和环境效益的和谐统一。这一原则强调了旅游景区开发不仅仅是为了追求经济利益，更要在保护环境和带来社会效益之间找到平衡点，以实现可持续发展的目标。

经济效益是旅游景区开发的重要目标之一。通过合理的规划和开发，景区可以吸引更多的游客，带动相关产业的发展，创造更多的就业机会和税收收入。然而，旅游景区不能仅仅局限于追求短期的经济效益，而忽视了长期的发展。因此，在开发过程中，景区需要注重资源的合理利用和高效配置，避免过度开发和资源浪费，确保旅游景区的可持续发展。

社会效益也是旅游景区开发中不可忽视的一个方面。旅游景区不仅仅是供人们游玩的地方，更是传承和展示地方文化、历史和风俗的重要场所。因此，在开发过程中，景区需要注重文化的挖掘和传承，保护好历史遗迹和民俗遗产，让游客在欣赏美景的同时，感受到深厚的文化底蕴。同时，景区还需要关注社区居民的利益和参与，让他们能够共享旅游资源开发带来的利益，促进当地社区的经济和社会发展。

环境效益是旅游景区开发中最为关键的一环。旅游资源的开发往往会对环境造成一定的影响，因此开发者需要采取一系列措施来保护环境，确保旅游景区的生态平衡和可持续性，这包括保护自然资源、防止环境污染和生态破坏、推动生态旅游等。同时，景区还需要加强环境教育和宣传，提高游客和社区居民的环保意识，让他们与景区共同维护旅游景区的环境质量。

在实践中，实现三大效益的统一需要景区采取一系列综合性的措施。首先，加强规划和管理，确保旅游景区的有序开发和运营。其次，注重科技创新和人才培养，提高旅游景区的服务质量和竞争力。最后，政府和有关部门应该加强政策引导和监管力度，推动旅游产业的健康发展。

第二节　旅游景区开发的理论基础

旅游景区规划与开发注重实践性，涉及面宽，但其一系列实践活动是建立在理论基础上，并以理论为指导的。旅游景区开发的主要基础理论有经济学理论、区位论、美学理论、系统论、可持续发展论等。

一、经济学理论

旅游景区开发是把旅游资源转化成旅游产业的技术过程，同时也是一个包含市场调研、资源开发、产品设计、项目建设、设施配套、产品形成、经营和管理的活动过程。在这一过程中，旅游景区开发应遵循经济学的一般原理，建立或完善不同大小区域内完整的旅游产业体系，满足旅游者的需求，提供能够产生较高的综合效益的服务。从经济学的角度看，旅游景区开发必须进行产业投资机会分析、旅游市场调研与策略研究、旅游供给与需求研究及旅游效益评价。

旅游景区开发既是资源的开发，也是市场的开发。资源开发是旅游景区开发的基础，市场开发是旅游景区开发的前提。只有存在市场，资源优势才能转化成经济优势，促进产业的形成与完善。旅游景区开发过程中，旅游市场调研是第一位的，它以旅游者为核心，综合分析旅游者的社会与经济基础、个体特征、需求状况，旅游产生地与接待地的空间相互关系，客流量大小和流量时空分布规律，以及发展趋势，最终为市场定位提供参考。

旅游景区开发的目的就是使资源得到永续利用，生态环境得以保护，人民生活质量得以提高，最终取得良好的社会效益、经济效益和环境效益的统一。因此，旅游景区开发必须考虑效益，在宏观上要进行收益与成本比较，在微观上就旅游业某一企业进行投入—产出分析，核算成本，评价经营成果。总之，运用经济学理论可以使旅游景区开发立足市场，面向消费者，合理开发资源，优化产品结构与项目，体现旅游景区开发的经济性与市场性，达到开发的目的。

二、区位论

区位论创始于19世纪初，迄今为止它的研究和应用范围已覆盖农业、工业、商业、贸易、城市等领域，然而，旅游区位论的研究起步却相对较晚，开始于20世纪50~60年代。德国经济地理学家克里斯塔勒首先对旅游区位进行了研究。他认为影响旅游活动的区位因素可分为十二项，即气候、风景、体育活动、海岸、温泉和疗养地、艺术、古迹和古城、历史纪念地、民间传说和节日庆典、文化节目、经济结构、交通中心，并从旅游需求（旅游客源地）出发，采用经验和行为研究方法进行研究。但由于在研究过程中忽略了旅游供给等因素，他最终没能建立起一个旅游应用的理想空间模式。直到美国学者克劳森提出旅游区位三种指向，以及德福特提出旅游业布局五条原理后，旅游业的区位理论研究才有了实质性进展。

旅游景区开发，其实质是旅游业及其各产业部门在一定地域的布局、配置过程，本身就是区位研究与实践的过程，需采用区位论的原理与方法来指导。旅游景区开发的区位研究应侧重以下内容：

一是旅游景区开发的区位选择。主要指旅游景区开发选择在什么样的地域进行，要了解开发地的地理位置如何，有哪些区位优势，面向怎样的客源地，开发地（接待地）与客源地之间的空间相互关系是互补性还是替代性，开发地的可达性如何，等等。旅游景区开发的区位选择的目的是为旅游活动确定最佳的场所。旅游景区开发的区位选择是一个动态过程，具有次序性和等级性，从而形成范围不同、等级有异的旅游区域。

二是旅游交通与路线布局。旅游交通与路线是连接开发地与客源地的旅游通道，其布局研究与实践是实现游客"进得来、散得开、出得去"与物资及时供应的前提和保证。

三是旅游产业规模、结构确定。

四是不同大小的旅游地域空间组合结构及其演变特征研究。主要包括旅游景区等级系统划分与功能分区、旅游项目与基础设施的空间安排、旅游基地建设。

五是旅游景区开发的区域分析与区域模型研究。

六是旅游景区开发过程中位置选择的方法研究。

三、美学原理

爱美是人的天性。旅游是现代人对美的高层次的追求，是综合性的审美实践。旅游景区开发的任务就是在现实世界中发现美，并按照美学的组合规律改造美，使分散的美集中起来，形成相互联系的有机整体，使粗糙、原始的美经过"清洗"变得更纯粹、更精致、更典型化，使易逝性的美经过创造和保护而美颜永驻、跨越时空、流传久远。旅游空间和景物美学特征越突出，观赏性越强，知名度越高，对旅游者的吸引力就越大，在市场上的竞争力也就越强。

旅游景区开发就是创造出优美的空间环境和特色众多的景物，使旅游者在美好事物面前受到感动和激励，得到美的陶冶和启迪，使视野更加开阔、品格更加高尚、灵魂更加纯洁，在精神上得到最大的满足和愉悦。

四、系统论

旅游景区开发的研究必须从建立旅游系统工程出发，坚持整体性原则、结构性原则、层次性原则、动态性原则、模型化原则和最优化原则。

（一）整体性原则

整体性原则就是要认识到旅游业是一个产业群体，同社会、经济、环境联系极为密切。产业中各部分、产业与环境之间存在着相互联系、相互制约和相互作用的关系。在开发中既要看到产业的整体功能与效率，又要让各个部分在整体中得到发展，成为地区经济新的增长点。

（二）结构性原则

旅游业各要素间的排列组合方式多样，有的是多项的，有的是双项的，还有的是单项的。对产业结构的研究，可增强产业之间的联系，从而获得最优的整体性能。

（三）层次性原则

旅游景区开发是在一定空间范围内进行的。不同大小的空间，不同的产业，构成不同空间层次、产业层次的网络体系。

（四）动态性原则

旅游产业系统受内部要素和外部环境的影响，有其发展、变化的过程。

在旅游景区开发时，要根据旅游业发展的不同阶段，确定不同的发展目标、规模和手段。同时，还要掌握旅游业的发展趋势，使旅游景区开发具有超前性和预测性。

（五）模型化原则

旅游产业系统是开放的系统，受多种因素的制约和干扰。为了更正确地认识和分析该系统，有必要设计出系统模型来代替真实系统，通过系统模型掌握真实系统的本质和发展规律。模型化的系统研究方法，不仅能使研究做到定性，而且有可能通过定量来达到研究目的。

（六）最优化原则

由于旅游产业系统具有综合性、复杂性的特点，进行旅游景区开发时开发者可采用多种途径设计出多种各具特色的开发方案，从中选出最优的方案，加速旅游景区开发，促进旅游业的发展。

五、可持续发展论

20世纪80年代初，世界面临着三大热点问题，即南北问题、裁军与安全问题、环境与发展问题。为了解决这些问题，联合国大会成立了分别以当时的联邦德国总理勃兰特、瑞典首相帕尔梅和挪威首相布伦特兰为首的三个高级专家委员会。经过研究，三个专家委员会分别发表了《我们共同的危机》《我们共同的安全》和《我们共同的未来》三个纲领性的文件。在文件中，三个委员会不约而同地得出了如下战略结论：为了克服危机、保障安全和实现未来发展，必须实施可持续发展。专家委员会同时提出"可持续发展"是发达国家和发展中国家协调人口、资源、环境和经济发展间相互关系所必须采取的战略,这一战略的提出立刻引起了全世界对发展问题的极大关注。

(一) 可持续发展的含义

可持续发展这个概念提出以后,人们对可持续发展的确切定义展开了热烈的讨论,并且从不同的角度为可持续发展下了定义,主要有以下几种:

1. 从自然属性方面阐述可持续发展

这个定义是由生态学家提出的,他们认为可持续发展指的是生态持续性,即保持自然资源再生能力和开发利用程度之间的平衡。

2. 从社会属性方面阐述可持续发展

该定义是1991年世界自然保护同盟(IUCN)、联合国环境规划署(UNEP)和世界野生动物基金会(WWF)共同提出的,认为可持续发展就是以人类社会的进步、发展为目标,强调人类的生活、生产方式与地球的承载力相协调,并最终促进人类生活质量的提高和生活环境的改善。

3. 从经济属性方面阐述可持续发展

经济学家理解可持续发展时,将经济的发展作为其核心内容,从经济发展的资源支撑上理解可持续发展。他们认为可持续发展就是不降低环境质量和不破坏世界自然资源基础的经济发展。

上述这些定义的提出均得到了部分学者的支持,但同时也有不少欠完备之处。迄今为止,为大家广泛认可的可持续发展的概念是由挪威前首相布伦特兰提出的,即可持续发展是指既满足当代人的需求,又不对后代人满足其自身需求的能力产生威胁的发展。该概念主要强调了两个方面的内容：首先，可持续发展的目的是满足人的各种需求，这些需求应被放在第一位；其次，可持续发展不能以破坏后代人满足自身需求的能力为代价，这里实际上讲的是人对周边环境产生影响的度的问题，即人们在追求自身需求得到满足的同时，不能以牺牲环境为代价。环境与需求满足之间是相互依存的，可持续发展只有从上述两个方面来把握才能抓住其本质内容。

（二）可持续发展的原则

虽然可持续发展从定义上看只包括需求和环境两个方面，但是其深层次意义却是相当复杂的，基本上可以用以下四个原则来加以表述。

1. 公平性原则

公平性原则是可持续发展理念与人类社会之前的各种发展理念之间的重大区别。公平性在传统的发展模式中没有得到足够的重视，传统的经济理论纯粹是为了生产而生产，没有考虑到未来各代人的利益，于是就产生了许多为了眼前效益而破坏宝贵环境资源的短视行为。可持续发展中的公平性是指人类满足自身需求的机会对每个人来说都是均等的，因为满足自身需求是发展的主要目标。但在现实中，人类满足自身需求的能力方面却存在许多不公平因素。因此，可持续发展的公平性要从下列三个方面来理解：

（1）同代人之间的公平性。即同代人均有相同的机会满足自身基本需要。可是，现实的世界却是一部分人十分富足，而约占世界人口 1/6 的人们还处于极度贫困状态，这种贫富差距悬殊、两极分化明显的世界给实现可持续发展造成了极大的障碍。因此，我们要将消除贫困作为实现可持续发展的第一个步骤，使在地球上生活的人能共同拥有满足生活基本需求的机会。

（2）代际间的公平。即不同世代人之间的纵向公平性。不同世代的人都生活在这个地球上，下一代人应该和本代人一样平等地享有满足其需求的机会。然而，地球上的资源是有限的，合理开发和利用这些有限的资源，既满足本代人需求又不损害今后人类世世代代满足需求的权利，是实现代际间公平的关键。

（3）分配有限资源的公平性。地球上的每个人均对有限的资源享有相同的使用权利。可是现实中，却是少数人使用了大量的资源，而大多数的人只能分配到一小部分，这尤其体现在发达国家和发展中及落后国家之间。发达国家对能源、矿藏等有限资源的拥有和消耗量远远大于多数发展中国家，而世界上的人口又大多分布于发展中国家，这就产生了不公平。

2. 可持续性原则

所谓的可持续性是指生态系统在受到外界的某种干扰时，能够保持其生产力的能力。资源和环境是人类社会赖以存在的基础，因而保持资源与环境的可持续性是人类社会持续存在的前提。资源和环境的可持续，要求人们在生活和生产中对环境和资源进行保护式使用，在消耗方式和消耗量上对自己的行为加以约束。具体而言，可持续性原则要求人们放弃传统的高消耗、高增长、高污染的粗放式生产方式和高消费的生活方式，鼓励进行生态化的生产和适度消费，尽可能避免给环境造成破坏。从上述分析不难看出，可持续性原则的核心内容就是人类社会的经济和社会发展要和环境的承载力相协调，不能超过资源与环境的承载能力。

3. 共同性原则

在可持续发展中，共同性包括两个含义：其一，人类社会发展的目标是共同的，即实现公平性和持续性的发展；其二，人类拥有共同的环境和资源，为了实现持续发展的目标必须采取全球共同的联合行动。因此，共同性原则需要人们形成一种相同的意识，即在满足自身需求时考虑到对他人（包括前代人和后代人）和生态环境的影响，切实保证人类共同资源的可持续利用，实现人与人以及人与自然之间的动态平衡。

4. 需求性原则

传统发展模式以传统经济学为支柱，所追求的目标是经济的增长，发展效果通过国内生产总值来反映，这种发展模式忽视了资源的代际合理配置。这种模式不仅使世界资源环境不断恶化，而且人类的一切基本物质需要仍然得不到满足。而可持续发展则坚持公平性和长期可持续性原则，以满足所有人的基本需求和向所有人提供实现美好生活愿望的机会。

（三）可持续发展理论对旅游景区开发的指导意义

旅游业是社会发展的重要组成部分，是国家经济不可缺少的要素。因此，旅游业的可持续发展对国家经济的发展有着十分重要的意义。但是长期以来旅游业的开发模式是典型的粗放开发，旅游资源的开发缺乏深入调查研究和全面的科学论证、评估与规划，旅游景区的环境也遭到了严重的破坏。所以，对于旅游景区开发，现在要以可持续发展理论作为工作的依据之一，保持人类享受资源的公平性，严格杜绝急功近利、重开发轻保护，甚至只开发不保护的现象。对于旅游资源的开发，应进行科学的论证，只有在技术和资金到位的情况下才能进行，否则，应继续等待开发时机。旅游景区开发还要注重旅游区的环境问题，不能一味追求经济效益。旅游景区开发人员应树立社会效益和生态环境效益相统一的观念，切实保证旅游活动与生态环境的协调，实现旅游的有序发展，走可持续发展的道路。

第二章 旅游景区资源的调查与评价

第一节 旅游景区资源的概述

一、旅游景区资源的相关概念

所谓旅游景区资源,是指旅游景区内具有开发价值、能够吸引游客并且满足游客需求的自然和人文景观以及旅游服务设施的总和。

(一)旅游景区资源的客观存在性

旅游景区资源,无疑是旅游业发展的基石,是构成各种旅游活动和旅游产品的基础元素。这些资源,无论是山水风光、历史遗迹,还是民俗风情、文化艺术,都是实实在在存在于旅游景区中的自然事项和人文事项。它们不是虚构的,不是臆想的,而是我们可以通过感觉器官真实感知到的。

当我们踏入一个旅游景区,首先映入眼帘的往往是那些壮丽的自然景观:高耸入云的山峰、清澈见底的湖泊、蜿蜒曲折的溪流、郁郁葱葱的森林……这些都是大自然赋予我们的宝贵财富。我们通过视觉、听觉、嗅觉等感觉器官,可以真实地感受到大自然的魅力,体会到它所带来的宁静、舒适与放松。而人文资源,则是旅游景区中另一道亮丽的风景线。古老的建筑、独特的民俗、丰富的艺术品，都是人文资源的重要组成部分。这些人文资源，是人类文明的瑰宝，是历史的见证，是文化的传承。在旅游景区中，我们可以通过观察、聆听、体验等方式，深入了解这些人文资源所蕴含的深厚底蕴和独特魅力。

旅游景区资源的客观存在性，不仅仅意味着我们可以通过感觉器官来感知它们，更重要的是，这些资源的存在为我们提供了丰富的旅游体验和感知的机会。无论是欣赏自然风光，还是品味人文历史，我们都能从中获得愉悦和满足。同时，这种客观存在性也提醒我们，要珍惜和保护这些宝贵的旅游景区资源。很多自然环境和人文历史都是不可再生的，一旦被破坏就无法挽救。因此，我们在开发和利用这些资源时，必须注重保护和维护，确保它们能够长久地存在下去，为更多的人带来美好的旅游体验。此外，旅游景区资源的客观存在性还为我们提供了认识和了解一个地区、一个民族、一个国家的重要途径。通过游览景区，我们可以深入了解当地的自然环境、历史文化、社会风俗等方面的情况，从而增进对不同地域文化的理解和尊重。

旅游景区资源的客观存在性是我们能够亲身体验和感知到它们的重要前提。这些实实在在存在的自然和人文事项，为我们提供了丰富多彩的旅游内容和深刻的旅游体验。同时，它们也是地域文化和历史的重要载体，让我们有机会更加全面地了解和认识这个世界。因此，我们应该珍视这些资源，注重保护和维护，让更多的人能够有机会亲身感受它们的魅力。在未来的旅游发展中，旅游景区开发者也应继续探索和创新，将这些宝贵的资源更好地呈现给游客，为旅游业的发展注入新的活力和动力。

（二）旅游景区资源是吸引物

旅游景区资源，作为旅游业的核心要素，具有不可替代的吸引力。这些资源以其独特的魅力，满足了游客娱乐、休闲、转换心情等多种需求，成为吸引游客的磁石。

从观赏的角度来看，旅游景区资源往往具备独特的自然美景和人文景观。无论是雄伟的山峰、秀丽的湖泊，还是古朴的村落、庄重的庙宇，这些资源都以其独特的形态和色彩，吸引着游客的目光。游客在观赏的过程中，可以领略到大自然的鬼斧神工和厚重的人文底蕴，从中受到美的熏陶和启迪。从体验的角度来看，旅游景区资源提供了丰富多样的旅游活动。游客可以在这里参与各种户外运动，如徒步、攀岩、漂流等，感受大自然的激情与活力；也可以在这里品味当地的美食、欣赏传统的表演艺术，体验不同的文化风情。这些活动不仅让游客得到了身体上的锻炼或放松，更得到了心灵上的愉悦和满足。

旅游景区资源本身也具有一定的吸引力。这些资源往往蕴含着丰富的历史和文化内涵，是当地文化和历史的见证。游客在游览的过程中，可以通过了解这些资源背后的故事和历史，更深入地了解当地的文化和风俗，增强对旅游目的地的认同感和归属感。

旅游景区资源的吸引力还体现为其能够满足不同游客的需求。无论是寻求刺激的游客，还是追求宁静的游客，都能在旅游景区中找到适合自己的旅游项目。这种多样性和包容性，使得旅游景区资源能够吸引更广泛的游客群体，促进旅游业的繁荣发展。值得注意的是，旅游景区资源的吸引力并不是一成不变的。随着时代的发展和游客需求的变化，一些传统的旅游资源可能会逐渐失去吸引力，而一些新兴的旅游资源则会越来越吸引人。因此，对于旅游景区资源的开发和利用，相关开发部门需要不断地进行创新和调整，以适应市场的变化和游客的需求。

在开发旅游景区资源的过程中，开发者还应注重资源的保护和可持续利用。只有保护好这些珍贵的资源，才能确保它们的长久魅力，为游客继续提供美好的旅游体验。同时，通过科学合理的规划和管理，可以实现旅游资源的可持续利用，为当地经济和社会发展注入源源不断的动力。

（三）旅游景区资源的造景功能

旅游景区资源，这些存在于景区中的自然与人文元素，虽然本身就具备独特的美感和价值，但并非都自然而然地呈现出景观的特征。它们往往需要经过一系列的开发与塑造，才能转化为具有鲜明景观特质的景点，为游客带来深刻的旅游体验。

资源开发是发挥旅游景区资源造景功能的第一步。在开发过程中，开发者需要对旅游景区资源进行深入的调研和评估，明确其潜在的价值和可利用的特色。随后，通过科学的规划和设计，将资源进行合理配置和组合，形成具有独特魅力和吸引力的景点。在这一过程中，不仅需要考虑资源的自然属性和人文内涵，还需要充分考虑游客的需求和体验，确保开发出的景点能够满足游客的期待和需求。

形象塑造则是发挥旅游景区资源造景功能的关键环节。通过形象塑造，可以将旅游景区资源的内在特质和外在形态进行有机结合，打造出具有鲜明个性和特色的景点。这涉及对资源的色彩、形态、线条等视觉元素的运用，以及对资源的历史、文化、传说等故事元素的挖掘和呈现。通过巧妙的形象塑造，可以让游客在欣赏景点的同时，也能够感受到其中蕴含的深厚文化内涵和独特魅力。

在发挥旅游景区资源造景功能的过程中，开发者仍需要注重创意和创新。创意能够让团队在开发和塑造景点时打破常规，创造出别具一格的景观效果；创新则能够让团队在保持资源原有特色的基础上，不断推陈出新，为游客带来新鲜感和惊喜。同时，发挥旅游景区资源的造景功能还需要考虑可持续发展。在开发和塑造景点的过程中，必须注重保护资源和环境，避免过度开发和破坏。同时，还需要注重景点的维护和管理，确保其能够长期保持良好的景观效果。

（四）旅游景区资源范围的宽泛性

旅游景区资源作为吸引游客的核心要素，其范围之宽泛，远超过我们常规认知的自然和人文景观。它涵盖了旅游景区内的各种基础设施、旅游服务设施以及各种旅游服务，这些要素形成了一个多元化、综合性的资源体系。

自然和人文旅游资源无疑是旅游景区资源的重要组成部分。这些资源以其独特的形态、色彩和历史文化内涵，吸引着游客的目光，满足着他们的审美需求。山川湖泊、森林草原、古迹遗址等，都是自然和人文旅游资源的典型代表。它们不仅是旅游景区的重要景观，更是地方文化、历史和风俗的重要载体。旅游景区资源的内容远不止于此。在旅游景区内，各种基础设施和旅游服务设施同样扮演着不可或缺的角色。这些设施包括道路、桥梁、停车场、洗手间等，它们为游客提供了便捷、舒适的体验，确保了旅游活动的顺利进行。同时，这些设施本身也是旅游景区的重要景观之一，其设计、布局和建筑风格往往与旅游景区的整体风貌相协调，为游客带来视觉上的享受。

旅游景区所提供的各种旅游服务也是其资源的重要组成部分。这些服务包括导游讲解、旅游咨询、旅游安全保障等，它们为游客提供了全方位的旅游体验，让他们能够更深入地了解旅游景区的文化内涵和历史背景，更安心地享受旅游带来的乐趣。同时，这些服务也体现了旅游景区的管理水平和服务质量，是吸引游客的重要因素之一。

值得注意的是，旅游景区资源范围的宽泛性并不意味着这些资源是分散和杂乱的。相反，它们之间存在着紧密的联系和相互依存的关系。自然和人文旅游资源是旅游景区的基础和核心，而基础设施和旅游服务设施则是支撑这些资源被充分展示和利用的重要保障。同时，各种旅游服务也需要与这些资源相协调，为游客提供高品质的旅游体验。

二、旅游景区资源的特征

（一）空间局限性

在探讨旅游景区的核心要素时，我们不得不提及旅游景区资源所固有的空间局限性。这一特征不仅构成了旅游景区的基本框架，也对其资源数量与开发策略产生了深远影响。

每一个旅游景区都拥有其独特的地理边界，这些边界可能由自然地貌、行政区划或其他因素决定。这种空间上的界限使得旅游景区内的资源具有明确的地域性，它们只能在特定的范围内存在和展现。这种局限性不仅影响了资源的种类和分布，也决定了资源的数量和质量。由于空间范围的限制，旅游景区内的资源数量呈现出有限性。这意味着在有限的地理空间内，资源的种类和数量都受到制约。这种有限性要求开发者在开发旅游景区时，必须充分考虑资源的稀缺性和珍贵性，避免过度开发或浪费资源。

旅游景区空间范围的大小在一定程度上决定了其资源数量的多少。大型旅游景区通常拥有更为丰富的资源，包括自然景观、人文遗迹、民俗风情等多个方面；而小型旅游景区则可能以某一特色资源为主打，通过深入挖掘和展示这一资源的独特魅力来吸引游客。

这一特征对制定旅游景区的开发策略具有重要影响。在开发过程中，必须将旅游景区范围和资源数量结合起来考虑，确保开发活动既符合景区的空间限制，又能充分利用其有限的资源，这要求开发者制订科学的开发规划，合理布局旅游设施，优化资源配置，以实现旅游景区的可持续发展。同时旅游景区的开发还应注重提升旅游景区资源的品质和内涵。通过深入挖掘和展示资源的文化价值、历史价值和自然价值，可以增强旅游景区的吸引力，提升游客的满意度和忠诚度。此外，还应注重资源的保护和传承，确保这些宝贵的资源能够得到永续利用，为后代留下丰富的文化遗产和自然遗产。

（二）系统性

旅游景区资源作为旅游业发展的基石，展现出鲜明的系统性特征。这一特征不仅揭示了旅游景区内各种资源之间的紧密联系与相互影响，更对旅游景区的整体开发与管理提出了独特的要求。

旅游景区资源是一个完整的系统。在这个系统中，自然景观、人文景观、旅游服务设施等各种要素相互依存、相互作用。在这个系统中，自然景观是旅游景区的基石，人文景观是旅游景区的灵魂，而旅游服务设施则是旅游景区的支撑。

然而，旅游景区资源的系统性特征并不仅仅体现在这些要素之间的相互作用上，更体现在它们对旅游景区整体性开发与管理的影响上。任何一个要素的变化都可能对旅游景区的整体形象和发展产生深远影响。因此，在开发旅游景区时，必须注重整体性开发，协调好各种资源之间的关系，确保它们能够相互补充、相互提升，共同推动旅游景区的发展。为了实现整体性开发，开发者需要在规划阶段就充分考虑各种资源的分布情况、特点和潜力。通过科学合理的布局和配置，使自然景观、人文景观和旅游服务设施之间形成有机的联系和互动。此外，整体性开发还要求在管理层面加强协调与合作。各相关部门和单位需要形成合力，共同推动旅游景区的建设和发展，通过建立健全的管理机制和规章制度，确保各种资源能够得到有效利用和保护。

（三）空间组合性

当我们谈及旅游景区资源时，除了强调其内在的联系性和相互依存关系外，我们不能忽视其空间上的组合性。这种组合性，是旅游景区资源独特魅力的重要体现，也是其旅游功能得以完美实现的关键所在。

旅游景区资源的空间组合性，首先体现在其多样性的资源构成上。一个旅游景区往往涵盖了自然景观、人文景观、历史遗迹、民俗风情等多种类型的资源，这些资源在空间上相互交织、相互映衬，共同构成了一个丰富多彩、层次分明的旅游环境。这种多样性不仅丰富了游客的旅游体验，也为旅游景区带来了更加广阔的发展空间。

同时，空间组合性还体现在旅游景区资源的空间布局和配置上。不同的资源在空间上呈现出不同的分布特征和组合规律。一些资源可能相对集中，形成特定的景观节点；而另一些资源则可能分散于整个景区，构成一种独特的空间韵律。这种布局和配置使得旅游景区在视觉上更具冲击力和吸引力，也为游客提供了更多的探索和发现的空间。更为重要的是，这种空间组合性赋予了旅游景区独特的旅游功能。在景区中，不同类型的资源相互作用、相互影响，共同构成了旅游景区的核心吸引力。游客在游览过程中，可以通过对不同资源的体验和感知，深入了解当地的文化、历史、民俗等方面的信息，从而加深对旅游目的地的认知和理解。这种功能性的体现，使得旅游景区不仅成为一个游览场所，更成为一个集观光、休闲、娱乐、文化体验于一体的综合性旅游目的地。

空间组合性的另一个显著表现是旅游景区资源的互补性和共生性。在景区中，各种资源往往相互补充、相互依存，共同构成一个完整的旅游生态系统。例如，自然景观与人文景观的相互融合，使得游客在欣赏自然美景的同时，也能感受到浓郁的文化氛围；历史遗迹与民俗风情的相互映衬，则可以让游客在了解历史文化的同时，体验到当地的民俗风情。这种互补性和共生性不仅增强了旅游景区的整体吸引力，也为游客提供了更加全面、深入的旅游体验。

（四）开发性

旅游景区资源的开发性特征源于旅游景区资源品位提升的潜在性。无论是不同旅游景区的资源还是同一旅游景区内的资源，它们之间都存在着明显的差异，这种差异为资源的开发提供了广阔的空间。即使是品质不高的资源，依然具有开发价值，通过精心策划和有效开发，可以将其转化为具有市场吸引力的旅游产品。

开发性特征体现在旅游景区资源的多样性和独特性上。每个旅游景区都拥有其独特的自然景观、人文景观或历史文化遗产，这些资源各具特色，为开发者提供了丰富的素材和灵感。开发者可以通过深入挖掘这些资源的内涵和特点，结合市场需求，打造出独具特色的旅游产品。开发性特征还体现在旅游景区资源的潜在价值上。有些资源可能初看起来并不起眼，但通过专业的评估和分析，可以发现其潜在的价值。开发者需要具备敏锐的市场洞察力和创新思维，善于发掘和利用这些潜在资源，将其转化为具有市场竞争力的旅游产品。

在开发过程中，市场分析是至关重要的一环。开发者需要密切关注市场动态和消费者需求的变化，了解游客的喜好，以便更好地把握市场趋势和产品开发方向。通过深入分析市场数据，开发者可以准确地定位目标游客群体，制定出符合市场需求的产品策略。结合市场需求开发特色旅游产品也是开发性的重要体现。开发者需要根据不同的资源特点和市场需求，设计出具有差异化、个性化的旅游产品。

需要注意的是，对旅游景区资源的开发不能盲目追求开发数量或规模。相反，开发者应该注重资源的品质和保护，确保在开发过程中不损害资源的原始价值和生态环境。同时，还需要加强对景区工作人员的培训和管理，提高他们的专业素养和服务水平，以确保游客能够获得高质量的旅游体验。

（五）综合价值

旅游景区资源的魅力与吸引力往往不仅仅源于旅游价值，而是由多方面的价值综合体现出来的。这种综合价值为旅游景区赋予了更多的开发价值。无论是自然保护区的生态价值，还是森林公园的游赏价值，或是古老宫殿，如故宫的文化价值，还是红色旅游区的教育价值，都是旅游景区资源综合价值的具体体现。

自然保护区的生态价值在于其生态系统和生物多样性。这些区域往往拥有丰富的动植物资源、独特的自然景观和完整的生态系统，这些对于维护地球生态平衡、保护生物多样性具有不可替代的作用。因此，在开发自然保护区时，应充分考虑到其生态价值，确保开发活动不会对生态环境造成破坏，同时让游客在游览过程中能够深刻感受到大自然的神奇与美丽。森林公园的游赏价值，主要体现在其优美的自然环境和丰富的户外活动体验上。这些公园往往拥有茂密的森林、清澈的溪流、秀美的山峦等自然景观，为游客提供了亲近自然、放松身心的绝佳场所。在开发森林公园时，应注重提升游客的游赏体验，合理规划游览路线，完善旅游设施，让游客在欣赏美景的同时，享受到舒适的旅游服务。古老宫殿的文化价值，则是对其深厚的历史文化底蕴和独特的建筑艺术的展现。作为中国古代皇宫的代表，故宫不仅见证了中国封建社会的兴衰更迭，也承载了丰富的历史文化信息。在开发故宫旅游资源时，应深入挖掘其文化内涵，通过讲解、展览等方式让游客了解故宫的历史背景、文化内涵和艺术特色，从而增强游客的文化认同感和历史责任感。红色旅游区的教育价值，则在于对革命历史和红色文化的传承与弘扬。这些区域往往是中国革命历史上的重要节点，拥有丰富的红色资源。在开发红色旅游区时，应注重其教育功能的发挥，通过组织主题教育活动、开展红色文化宣传等方式，让游客在游览过程中接受红色教育，传承红色基因。

正是因为旅游景区具有综合价值，才使得其更具有开发价值。在开发过程中，应充分挖掘旅游景区多方面的价值，对旅游景区进行综合性开发。这不仅要求开发者在规划设计时充分考虑各种价值的平衡与融合，也要求在开发过程中注重保护与开发的协调。

同时，开发者还应认识到，旅游景区的综合价值是动态发展的。随着时代的变化和游客需求的升级，旅游景区的价值内涵也会不断丰富和拓展。因此，开发者在开发过程中应保持开放的心态和创新的精神，不断探索新的开发思路和方法，以适应市场的变化和游客的需求。旅游景区资源的综合价值是其多元魅力和深度开发潜力的体现。通过充分挖掘和展现这些价值，我们可以为游客提供更加优质、丰富、深入的旅游体验，同时也为旅游业的可持续发展注入新的活力和动力。

第二节 旅游资源的分类和调查

一、旅游资源的定义和内涵

（一）旅游资源的定义

旅游资源在国外被称作旅游吸引物，泛指旅游地吸引旅游者的所有因素的总和。目前我国普遍采纳的定义是 2017 年颁布实施的国家标准《旅游资源分类、调查与评价》（GB/T 18972-2017）中的表述，即旅游资源是指"自然界和人类社会凡能对旅游者产生吸引力，可以为旅游业开发利用，并可产生经济效益、社会效益和环境效益的各种事物和现象"。本书所论的旅游资源以此国家标准为准。

（二）旅游资源的内涵

旅游资源的上述定义不仅确定性地概括了旅游资源的基本定义，还明确了判别旅游资源的三个重要依据。

1. 旅游资源要能对旅游者产生一定的吸引力

这是判别一个资源是否属于旅游资源的首要条件。旅游资源是资源的一种，理所当然地应该具有资源的共性，即在旅游业发展中具有可利用的价值，并作为人类旅游活动重要的基础。旅游资源的实用价值和基础性主要体现在对游客的吸引力上。游客从客源地到某一旅游地去旅游，是因为这一旅游地有吸引游客的对象。例如，优美的自然风光、驰名的文物古迹、舒适的气候环境、奇特的景物，都可以吸引游客去往旅游景区进行游览、观赏、休养等,从而促进了旅游活动的开展。旅游资源对游客的吸引力,是对社会旅游者的群体而言的,而不是以个别人的爱好为标准。这种吸引力会随着时代变迁和旅游者的需求变化而发生变化,也会随着旅游资源的合理开发而大大增加。

2.旅游资源要能为旅游业服务、被旅游业利用

那些能对游客产生吸引力,目前未被开发利用,未来将被开发利用的客观实体或现象,属于潜在旅游资源。同时我们要认识到,旅游资源是一个不断发展的概念,随着社会的进步、经济的发展、科学技术水平的提高,以及人们旅游需求日益多样化、个性化,旅游资源的范畴也在不断扩大。从"能为旅游业服务、被旅游业利用"这一内涵衡量,今后旅游资源的范围还将继续扩大,某些现在看来不是旅游资源的客体,很可能以后会成为旅游资源。

3.旅游资源开发要能实现经济、社会和生态三大效益的统一

这是判别一个资源是否属于旅游资源的第三个依据。如用于招揽游客的赌博、色情、迷信活动等,忽略了长远的经济和社会效益,不能作为旅游资源;以破坏生态环境为代价来换取暂时的经济效益的事物和现象,也不能作为旅游资源。

旅游资源的内涵十分丰富,既包括自然界的名山、瀑布、森林、动物等,以及人工建造的园林、宫殿、文化名城、珍贵文物等物质客观实体,也包括游记、诗词、题刻、神话传说、影视戏曲和书法绘画等许多非物质的精神文化因素,在旅游业发展的不同历史阶段,旅游资源的范畴在不断扩大,并与科技发展水平紧密相关。随着科技的进步,资源利用方式会发生变化,开发深度也会加大。

二、旅游资源的特征

（一）美学特征

旅游资源同其他资源相比，最主要的差别就是拥有美学特征。几乎所有的旅游活动都包括对美的事物的观赏，从一定意义上说，缺乏观赏性，也就不构成旅游资源。无论是自然的还是人文的旅游资源，都包含多种美，如形象美、形态美、色彩美和声音美等，它们都给旅游者以符合生理和心理需求的美的享受。旅游资源的可观赏性越强，对旅游者的吸引力就越大。

（二）文化特征

很多旅游资源都具有丰富的文化内涵，即蕴藏着一定的科学性和深层次的自然与社会哲理，旅游者通过游览、参观，可以获得丰富的知识和文化熏陶。

（三）地域特征

不同地域的自然和人文旅游资源之间都具有明显的地域差异，即不同地域的旅游资源都具有其存在的特殊条件和相应的地理环境。地理环境的区域差异导致一个地区的地质、地貌、气候、水文、动植物等与其他地域均存在着明显的地域差异性，而人总是生活在一定的地理环境中，因此，不同国家、民族在长期活动中形成的历史文化和风俗民情，不可避免地带上一定的地域色彩。

（四）整体特征

任何一种旅游资源都不是与周围其他景观要素互不联系的单一景象，

而是不断和其周围的环境相互作用，共同形成一个和谐的有机整体。存在于特定地域的各种各样的旅游资源，离开了必要的环境，它们的吸引力就会大大降低甚至消失，如主题公园仿制了逼真的竹楼、蒙古包等，但离开地域背景、周边环境与民族习俗等依托，在游客的视域中，真假分明。长江三峡、桂林山水、壶口瀑布等旅游资源，更是离不开特定的地理环境。

（五）不可再生特征

具有吸引力的旅游资源多是自然的造化和历史的遗存，一旦遭到破坏，将难以被修复和还原。遭到破坏的历史文物，即便被人为修复，也已经不是原物，同时它的观赏和历史价值也降低了；被破坏的自然风景，人力就更难以恢复了。有人强调旅游资源无法被旅游者带走，因此主张把旅游资源定性为可永续利用的资源。其实，这种认识是片面的。例如，不控制洞窟容量，即使游客没带走什么，仍会加速洞窟的风化和破坏。

（六）季节特征

旅游资源的季节特征指景物有随季节变化的特征，并且导致旅游活动和旅游人群也随季节变化。旅游资源的季节变化主要由所在地的纬度、地势和气候等因素决定，同时也受人为因素的影响。不同的季节，同样的景物会表现出不同的特征，甚至有些景色或旅游活动只在特定的季节和时间里才具有吸引力，如吉林的树挂、傣族的"泼水节"等。旅游资源的季节变化特征，导致了旅游业在一年之中出现较明显的淡旺季分别。

（七）动态特征

旅游资源的范畴和价值是随着人类的认识水平、人类的感官需要、资源发现时间、宣传情况、开发条件等众多因素的变化而变化的。旅游资源范畴的变化表现为：一些原本不是旅游资源的后来变成了旅游资源；一些旅游资源变成了非旅游资源。不同的人对于同一旅游资源可以给出完全不同的评价，如当地居民认为不足为奇的当地旅游资源，在外来游人看来却是十分新奇的。旅游资源的价值还与开发方式有关。例如，同一个水体旅游资源，可用来开发观光、度假和康体旅游等，其开发价值是不同的。

三、旅游资源的分类

（一）旅游资源的分类原则

《旅游资源分类、调查与评价》划分旅游资源的总原则是依据旅游资源的性状，即现存状况、形态、特性、特征划分。具体的分类原则主要如下：

1. 属性原则

属性原则要求我们在对旅游资源进行分类时，必须首先明确旅游资源的性质、特点、存在形式以及状态等核心要素。这些要素不仅决定了旅游资源的独特性和吸引力，也为我们提供了对其进行科学分类的基础。

明确旅游资源的属性是分类的前提。旅游资源有自然、人文等多个类型，每一种资源都有其独特的属性和特征。例如，地质地貌资源展现了地球表面的形态和结构，其独特的地貌形态和地质构造是分类的重要依据；水体资源则包括了江河、湖泊、海洋等各种形式的水体，水质、水量、水景等特性是区分不同水体资源的关键。以属性为主要指标进行分类，有助于我们更深入地理解旅游资源的本质和价值。通过对不同属性的旅游资源的分析，我们可以发现它们各自的特点和优势，进而为旅游资源的开发和利用提供科学依据。例如，生物旅游资源具有丰富的生物多样性和生态景观，对于生态旅游和科普教育具有重要意义；而气候资源则对旅游活动的季节性分布和舒适度有着直接影响。此外，属性原则还强调了对旅游资源进行分类的科学性和客观性。在分类过程中，我们需要遵循一定的科学依据和标准，确保分类结果的准确性和可靠性。同时，我们也要避免主观臆断和随意的分类方式，以保证分类结果的客观性和公正性。

在具体实践中，我们可以根据旅游资源的属性特征，将其划分为不同的类别。例如，根据地质地貌属性的不同，可以将旅游资源分为山地、丘陵、平原、盆地、峡谷、喀斯特地貌等类别；根据水体属性的不同，可以将旅游资源分为江、河、湖、水库、海洋、瀑布、温泉等类别。这样的分类方式不仅有助于我们更好地认识和了解旅游资源，也为旅游资源的规划、开发和管理提供了便利。

2.特征原则

旅游资源的分类原则中，特征原则是一个核心的指导原则，它要求我们在分类时充分考虑旅游资源的成因、形态、年代等基本特征因素，从而确保分类的准确性和合理性。

成因是旅游资源分类的重要依据之一。不同的旅游资源往往具有不同的成因，这些成因反映了资源形成的地质、气候、生物等自然条件和人类活动的影响。例如，流水作用形成的旅游地貌，其形态和特征往往与流水的侵蚀、搬运和沉积作用密切相关。通过对成因的深入分析，我们可以更准确地把握旅游资源的本质和特性，为后续的规划和开发提供有力支持。

形态也是旅游资源分类的重要依据。形态是旅游资源的外在表现，包括资源的形状、大小、颜色、结构等方面的特征。不同的旅游资源在形态上往往具有显著的差异，这些差异使得旅游资源具有独特的观赏价值和吸引力。例如，高山、峡谷、平原、沙漠等地貌形态各异，它们各自展现了不同的自然风光和地理特色；而古建筑、雕塑、绘画等人文景观则以其独特的形态和风格，反映了人类文化的多样性和丰富性。

年代也是旅游资源分类不可忽视的因素。年代是指旅游资源形成的时间或存在的时间长短，它反映了资源的历史背景和文化内涵。不同年代的旅游资源往往承载着不同的历史信息和文化价值，这些价值对于我们了解地方历史、传承文化遗产具有重要意义。例如，古代遗址、古建筑等人文景观往往与重要的历史事件或历史人物相关联，通过它们可以一窥古代社会的风貌和文化；而一些自然景观的形成则经历了漫长的地质年代，它们见证了地球演化的历史过程。

3. 相似性与差异性原则

相似性原则要求我们在分类时尽可能寻找旅游资源的共同性，这意味着我们需要对各类旅游资源进行深入的分析和比较，找出它们之间的共同特征和属性。这些共同性可以是形态、结构、功能、价值等方面的相似性，它们构成了旅游资源分类的基础。通过强调相似性，我们可以将具有相同或相似属性的旅游资源归为一类，从而形成一个系统化、条理化的分类体系。然而，仅仅依靠相似性原则是不够的，差异性原则同样重要。我们在分类时要准确地区分不同类型的旅游资源之间的差异。这种差异可以是物理性质、文化内涵、历史背景、地理分布等方面的不同。通过强调差异性，我们可以确保每一类旅游资源都具有独特的属性和价值，避免类型之间的混淆和重叠。

在实际操作中,相似性与差异性原则需要相互补充、相互制约。一方面,我们需要通过相似性原则将具有共同属性的旅游资源归为一类,形成清晰的分类界限;另一方面,我们也需要遵循差异性原则来区分不同类型旅游资源之间的差异,确保分类结果的准确性和有效性。此外,相似性与差异性原则还有助于实现旅游资源分类的系统化和规范化。通过遵循这两项原则,我们可以建立一个层次分明、逻辑严密的分类体系,使旅游资源的分类更加科学、合理。同时,这也有助于防止所划分旅游资源类型出现相互包容和重叠的情况,提高分类结果的准确性和可靠性。

在旅游资源的分类过程中,还需要注意以下几点。首先,分类时应充分考虑旅游资源的实际特点和价值,确保分类结果能够真实反映资源的本质和特征。其次,分类时应注重实用性和可操作性,避免过于烦琐或复杂的分类方法。最后,分类结果应具有一定的灵活性和可扩展性,以适应旅游资源的不断变化和发展。

4. 对应性原则

对旅游资源进行分类,如同构建一座宏伟的建筑,必须遵循严谨的逻辑原则,确保其结构稳固、条理清晰。对应性原则,便是这座建筑中的承重墙,它确保每一块砖、每一片瓦都精准地放置在它们应在的位置,共同构筑起一个完整、和谐的体系。

对应性原则强调,在旅游资源的分类过程中,所划分出的每一个次一级类型,都必须严格对应于上一级类型的内容。这就像是一个树状结构,每一个分支都源自主干,每一个小枝都依托于大枝,形成一个层次分明、脉络清晰的体系。如果下一级的内容少于上一级的内容，那么整个分类体系就会出现逻辑上的断裂和混乱，失去了其应有的科学性和实用性。对应性原则首先要求我们对旅游资源有深入的理解和全面的把握。我们需要清晰地界定每一个上级类型的内涵和外延，明确其范围和特征。在此基础上，才能进一步划分出次一级的类型。这些次一级类型不仅要能够完全涵盖上一级类型的所有内容，而且要能够体现出上一级类型的独特性和差异性。

同时，对应性原则也要求我们保持分类的连贯性和一致性。在划分次一级类型的过程中，我们不能随意改变上一级类型的定义和范围，也不能因为某些资源的特殊性而将其单独划分出来。否则，整个分类体系就会因为缺乏统一的标准和尺度而变得杂乱无章，失去了其应有的价值和意义。此外，对应性原则还要求我们在分类过程中保持开放和包容的态度。旅游资源种类繁多，形态各异，我们不能因为某些资源不符合现有的分类标准而将其排除在外。相反，我们应该根据这些资源的实际情况和特点，对其进行合理的归类和划分，不断完善和丰富我们的分类体系。

（二）旅游资源的分类方法

根据《旅游资源分类、调查与评价》，旅游资源可分为八个主类（包括A地文景观、B水域景观、C生物景观、D天象与气候景观、E建筑与设施、F历史遗迹、G旅游购品、H人文活动。其中A、B、C、D属于自然旅游资源，E、F、G、H属于人文旅游资源）。

四、旅游资源的调查

（一）旅游资源调查的目的

旅游资源调查的目的主要是系统全面地查清调查区域内旅游资源的数量、空间分布、等级质量、特色、吸引力、类型等，为旅游资源的综合评价提供直接的科学资料，为旅游资源的开发以及旅游业的发展提供决策依据。

（二）旅游资源调查的意义

通过旅游资源调查，可了解到调查区域内旅游资源的类型、现状、特征、规模和开发潜力等，系统掌握旅游资源的现状，为其评价和开发工作提供可靠的第一手资料；可全面掌握资源的开发、保护和利用现状及存在的问题，从而为确定资源的开发导向、开发时序、开发重点和提出相应的管理措施提供翔实可靠的材料；可掌握旅游资源的利用状况，对有开发潜力和符合旅游者需求的旅游资源，进行适时科学的开发；可动态、系统地掌握旅游资源的开发进展状况，检测其保护情况，从而为旅游管理部门及时获得相关信息与迅速做出反应提供条件，并使其工作科学化、现代化；可建立信息档案，并链接到区域信息库中，起到摸清家底和了解现状的作用，对区域经济发展和管理工作有很大的参考价值。

（三）旅游资源调查的种类

1. 概查

概查是为发现问题而进行的一种初步调查，它主要是寻找问题产生的原因以及问题的症结所在，为进一步调查做准备。概查可以简化工作程序，如不需要成立调查组，资料收集限定在与专门目的相关的范围，不必制定严密的调查方案，可以不填写或择要填写旅游资源单体调查表。概查以定性为主，周期短、收效快，但信息损失量大，易使旅游资源评价产生偏差。

2. 普查

普查是指为了掌握被研究对象的总体状况，对全体被研究对象逐个进行综合调查的一种调查方法。对旅游资源进行普查可以获得调查区旅游资源的丰富程度、优势和劣势等信息，可以作为国家与地方制定旅游业发展方向以及某一方面的政策所需要的专门性资料。普查对时间、人力和资金的消耗非常大，技术水平要求高，缺乏深度。

3. 详查

详查即带有研究目的或规划任务的调查，对重点旅游资源及旅游区进行专题研究和鉴定，对关键性问题提出规划性建议。需组织多学科力量集中进行野外实地勘查，以弄清资源的成因、现状、历史演变和发展趋势，以及资源的类型结构和空间组合特点等。同时需要弄清开发该旅游资源的自然、社会和经济环境条件，并对投资、客源、收益及旅游业的发展给区域的经济、社会和生态带来的影响做出预测，从而确定该区旅游发展的方向和重点项目。

4. 典型调查

典型调查是根据旅游资源调查的目的和任务，在对调查对象进行初步分析的基础上，在被调查对象中有意识地选取一个或若干个具有典型意义的旅游资源进行调查研究，以认识调查对象的总体情况。典型调查方便、灵活，节省人力和物力。

5.重点调查

重点调查即在调查对象中选择一部分对全局具有决定性作用的重点旅游资源进行调查，以掌握调查对象总体情况的调查方式。一般选定下述单体进行重点调查：具有旅游开发前景，具有明显的经济、社会、文化价值的旅游资源单体；集合型旅游资源单体中具有代表性的部分；代表调查区形象的旅游资源单体。

6.抽样调查

抽样调查即按调查任务确定的对象和范围，从全体调查对象中抽选部分对象作为样本进行调查研究，用所得的结果推断总体结果的调查方式。抽样调查具有较强的时效性、较高的准确性和较好的经济性。对于那些不可能或不必要进行全面调查的资源，或在人力、财力资源有限的情况下，最适宜使用抽样调查的方法。

（四）旅游资源调查的内容

1.旅游资源自身调查的内容

旅游资源自身调查的内容包括旅游资源状况的调查、旅游资源交通调查、与邻近资源相互关系的调查、旅游资源保护和开发现状的调查。

旅游资源状况的调查包括对旅游资源的类型、数量、结构、规模、级别、成因，与旅游资源有关的重大历史事件、名人活动、文艺作品等基本情况，以及旅游资源的文字、照片、录像、地图等有关资料的调查。

旅游资源的交通是旅游资源开发的最大限制因素，摸清交通的现状与前景十分重要。交通沿线及枢纽点的旅游资源，只要有一定的特色，就能吸引游客。若旅游资源特色强、规模大、结构好，就极易形成重点新旅游景区。

与邻近资源相互关系的调查包括调查自然与人文旅游资源的结合与互补情况、各要素的组合及协调性、景观的集聚程度等。

旅游资源保护的调查内容包括工矿企业生产、生活等人为因素造成的大气、水体、土壤、噪声污染状况和治理程度，以及自然灾害、传染病、放射性物质等状况。旅游资源开发现状的调查包括旅游要素和客源市场的调查。

2. 旅游调查区调查的内容

旅游调查区调查的内容包括调查区概况、自然人文环境、调查区重点内容和调查区旅游景区开发状况。调查区概况调查包括调查被调查区的名称、地域范围与面积、所在的行政区划及其中心位置与依托的城市。自然环境调查包括调查地质、地貌、气象气候、水文、动植物等内容。人文环境调查包括调查历史沿革、经济状况、社会文化环境等内容。调查区重点内容的调查是指对重点旅游景区和外围旅游区的调查。对旅游区外围进行调查可以发现新旅游资源，有利于分流原旅游景区的客流，改善旅游环境，同时可以扩大已知旅游景区的范围，延长游客停留时间，与原旅游区形成一个规模宏大、内涵丰富的新景区。调查区旅游景区开发状况的调查包括阐明旅游资源开发指导思想、开发途径、步骤和保障措施。

（五）旅游资源调查的程序

旅游资源调查程序包括调查准备和实地调查。

1. 调查准备阶段

（1）成立调查组

①调查组成员应具备与该调查区旅游环境、旅游资源、旅游景区开发

有关的专业知识，一般应吸收旅游、环境保护、地理学、生物学、建筑园林、历史文化、旅游管理等方面的专业人员参与。

②根据事前制定的标准进行技术培训。

③准备实地调查所需的设备，如定位仪器、简易测量仪器、影像设备等。

④准备多份"旅游资源单体调查表"。

（2）确定资料收集范围

①与旅游资源单体及其周围环境有关的各类文字描述资料，包括地方志书、乡土教材、旅游区与旅游点介绍、规划与专题报告等。

②与旅游资源调查区有关的各类图形资料，重点是反映旅游环境与旅游资源的专题地图。

③与旅游资源调查区和旅游资源单体有关的各种照片、影像资料。

2. 实地调查阶段

（1）确定调查区内的调查小区和调查线路

为便于运作和满足此后旅游资源评价、旅游资源统计、区域旅游资源开发的需要，将整个调查区分为若干调查小区。调查小区一般按行政区划分（如省一级的调查区，可将地区级的行政区划分为调查小区；地区级的调查区，可将县一级的行政区划分为调查小区；县一级的调查区，可将乡镇级的行政区划分为调查小区），也可按现有或规划中的旅游区域划分。

调查线路按实际要求设置，一般要求贯穿调查区内所有调查小区和主要旅游资源单体所在的地点。

（2）选定调查对象

选定下述对象进行重点调查：具有旅游开发前景，有明显的经济、社会、文化价值的旅游资源单体；集合型旅游资源单体中具有代表性的部分；代表调查区形象的旅游资源单体。

对下列旅游资源单体暂时不进行调查：品位明显较低，不具有开发利用价值的；与国家现行法律、法规相违背的；开发后有损社会形象的或可能造成环境问题的；影响国计民生的；某些位于特定区域内的。

（3）填写"旅游资源单体调查表"

对每一调查单体分别填写一份"旅游资源单体调查表"，如表2-1所示。

表2-1　旅游资源单位调查表

单体序号_____　　　单位名称_____

行政位置					
资源代码1		资源代码2		资源代码3	
地理位置	旅游资源单体所在的经纬度					
性质与特征	（单体的性质、形态、结构、组成成分等外在表现和内在因素，以及单体生成过程、演化历史、人事影响等主要环境因素）				
旅游区域及进出条件	（单体所在地区的具体部位、进出交通、与周边旅游集散地和主要旅游区点之间的关系）				
保护与开发现状	（单体保存现状、保护措施、开发情况）				
图片资料			视频资料		
填表人			填表时间		

注：调查表各项内容填写要求如下。

1. 单体序号：由调查组确定的旅游资源单体顺序号码。

2. 单体名称：旅游资源单体的常用名称。

3. "代码"项：代号用汉语拼音字母和阿拉伯数字表示，即"表示单体所处位置的汉语拼音字母－表示单体所属类型的汉语拼音字母－表示单体在调查区内次序的阿拉伯数字"。

4. "行政位置"项：填写单体所在地的行政归属，从高到低填写行政区单位名称。

5. "地理位置"项：填写旅游资源单体主体部分的经纬度（精确到秒）。

6. "性质与特征"项：填写旅游资源单体本身特性，包括单体性质、形态、结构、组成成分的外在表现和内在因素，以及单体生成过程、演化历史、人事影响等主要环境因素，提示如下：

（1）外观形态与结构类：旅游资源单体的整体状况、形态和突出（醒目）点；代表形象部分的细节变化；整体色彩和色彩变化、奇异华美现象、装饰艺术特色等；组成单体整体各部分的搭配关系和安排情况，构成单体主体部分的构造细节、构景要素等。

（2）内在性质类：旅游资源单体的特质，如功能特性、历史文化内涵与格调、科学价值、艺术价值、经济背景、实际用途等。

（3）组成分类：构成旅游资源单体的组成物质、建筑材料、原料等。

（4）成因机制与演化过程类：表现旅游资源单体发生、演化过程、演变的时序数值；生成和运行方式，如形成机制、形成年龄和初建时代、废弃时代、发现或制造时间、盛衰变化、历史演变、现代运动过程、生长情况、存在方式、展示演示及活动内容、开放时间等。

（5）规模与体量类：表现旅游资源单体的空间数值，如占地面积、建筑面积、体积、容积等；个性数值，如长度、宽度、高度、深度、直径、周长、进深、面宽、海拔、高差、产值、数量、生长期等；比率关系数值，如矿化度、曲度、比降、覆盖度、网度等。

（6）环境背景类：旅游资源单体周围的境况，包括所处具体位置及外部环境，如气候、水文、生物、文物、民族等目前与其共存并成为单体不可分离的自然要素和人文要素；影响单体存在与发展的外在条件，如特殊功能、雪线高度、重要战事、主要矿物质等；单体的旅游价值和社会地位、级别、知名度等。

（7）关联事物类：与旅游资源单体形成、演化、存在有密切关系的典型的历史人物与事件等。

7. "旅游区域及进出条件"项：包括旅游资源单体所在地区的具体部位、进出交通、与周边旅游集散地和主要旅游区（点）之间的关系等。

8."保护与开发现状"项：旅游资源单体保存现状、保护措施、开发情况等。

9."共有因子评价问答"项：旅游资源单体的观赏游憩价值、历史文化科学艺术价值、珍稀或奇特程度、规模丰度与概率、完整性、知名度和影响力、适游期和使用范围、污染状况与环境安全。

调查准备和实地调查结束后需要对获得的资料和现场记录进行整理总结，包括将野外考察的现场调查表格归纳整理为调查汇总表；将在野外所画的草图进一步复核、分析、整理，并与原有地图和资料相对比，做到内容与界线准确无误，形成正式图件；将野外拍摄的照片放大，归类，附上文字说明；将野外摄制的录像进行剪接编制、配音；对室内外收集和考察获得的资料进行分析整理、数据处理、编制调查报告。在整理总结过程中，常常会发现一些野外考察过程中的疏漏或文字记录数据测量模糊等状况，对这些情况需进行野外补点。也有经分析，需进一步对一些重点地区补充资料而出外补点的。

（六）旅游资源调查的方法

1. 询问调查法

在旅游资源的调查与研究中，询问调查法作为一种重要手段，以其独特的方式帮助调查者了解旅游资源的内在价值和开发潜力。通过访谈询问的方式，调查者可以直接从资源所在地的有关部门、居民以及旅游者中获取第一手资料，从而更加全面、深入地了解有关旅游资源的客观事实和难以发现的事物和现象。

在实施询问调查法之前，需要精心设计调查问卷、调查卡片或调查表等工具。这些工具不仅要涵盖旅游资源的基本信息，如地理位置、自然景观、历史文化等，还要关注旅游资源的开发利用现状、游客满意度等关键指标。通过利用精心设计的问卷进行调查，可以有针对性地获取所需信息，为后续的分析和研究提供有力支持。

在询问调查法的实施过程中，调查者可以采用多种方式进行访谈。面谈调查是一种常见的方式，通过面对面的交流，调查者可以深入了解受访者的观点和感受，获取更加详细的信息。电话调查则是一种更为便捷的方式，通过这种方式，调查者可以在短时间内对大量受访者进行访谈，获取较为全面的数据。邮寄调查和留置问卷调查则更加适合对特定群体进行深入研究，通过问卷，调查者可以获得较为系统的数据资料。

询问调查法的优点在于其灵活性和针对性。通过面对面的交流或填写问卷，调查者可以直接从受访者处获取第一手资料，避免了二手资料可能造成的误差和遗漏。同时，调查者还可以根据受访者的反馈和意见，及时调整调查方案，确保调查结果的准确性和有效性。然而，询问调查法也存在一定的局限性。首先，受访者的回答可能受到主观因素的影响，导致调查结果存在一定的偏差。其次，对于某些敏感或隐私问题，受访者可能不愿意透露真实情况，从而影响调查结果的准确性。最后，调查过程中的人力、物力和时间成本也相对较高。

为了克服这些局限性，在实施询问调查法时需要注意以下几点：首先，要确保问卷设计的科学性和合理性，避免引导性或模糊性的问题，确保受访者能够准确理解并回答问卷中的问题。其次，要选择合适的调查对象和样本数量，确保调查结果具有代表性和可信度。再者，在调查过程中要保持中立和客观的态度，避免对受访者产生干扰。最后，要对调查结果进行认真分析和处理,剔除无效数据和异常值,确保调查结果的准确性和可靠性。

2. 统计分析法

统计分析法不仅具备严谨的数学基础,还能够提供科学的依据来支撑旅游资源的分类、评价及规划工作。这种方法的应用范围广泛,尤其是在那些拥有丰富旅游资源资料,且这些资料对于分析旅游资源具有极高价值的地区。通过运用统计分析法,调查者能够更为精确地确定一个地区的旅游特色,评估其旅游价值,为旅游规划和生态环境建设提供坚实的基础。

在旅游资源调查中,统计分析法的应用主要体现在以下方面:

(1)统计分析法能够帮助我们收集并整理大量的旅游资源数据

这些数据可能来自各种渠道,如地方志、文献、卫星遥感图像等。通过统计学的手段,调查者可以对这些数据进行分类、编码和汇总,形成一个完整、系统的旅游资源数据库。这个数据库包含了各种旅游资源的数量、分布和特征信息,能够为后续的分析工作提供便利。统计分析法能够帮助调查者分析旅游资源的分布规律和特征,进而发现不同资源类型之间的关联性和差异性,揭示其空间分布规律和变化趋势。这些信息对于确定一个地区的旅游特色、制定旅游发展规划以及优化旅游资源配置都具有重要意义。

(2)统计分析法能够用于评估旅游资源的价值和潜力

通过构建数学模型和指标体系,调查者可以对旅游资源的吸引力、可开发性、可持续性等方面进行评估和预测。这些评估结果不仅能够为旅游规划提供决策支持,还能够为旅游投资和市场开发提供参考依据。

(3)统计分析法有助于制定有针对性的旅游景区开发和保护策略

通过对旅游资源数据的深入挖掘和分析,开发者可以发现旅游资源开发中存在的问题和不足,从而制定相应的改进措施。同时,还可以根据旅游资源的特征和分布规律,制定科学合理的旅游线路和产品开发方案,以满足不同游客的需求和期望。

然而,统计分析法在旅游资源调查中的应用也存在一些局限性和挑战。例如,对于某些难以量化的元素,如文化遗产的历史价值、自然景观的美学价值等,使用统计分析法可能难以准确地进行评估和描述。此外,统计分析法的结果往往受到数据质量和数量的影响,如果数据存在偏差或数据量不足,那么结果的可信度也会受到一定影响。

3. 田野勘测法

在旅游资源调查的众多方法中,田野勘测法以其直观性、准确性和实用性,成为最常用的一种实地调查手段。这一方法要求调查人员深入田野现场,通过一系列专业手段,逐一核实已获得的资料,并补充将来开发工作所需的一切资料。通过田野勘测,调查人员能够直接接触旅游资源,进行专业认识和分析,从而获取珍贵翔实的第一手资料。

实施田野勘测法,调查者要具备丰富的专业知识和实践经验。他们需要通过观察、踏勘、测量、记录、填绘、摄像等多种形式,对旅游资源进行全面细致的调查。观察是田野勘测的基础,调查者需要仔细观察旅游资源的形态、结构、色彩等特征,以便准确描述其特点和价值。踏勘则是通过实地走访,了解旅游资源的分布、规模、开发利用现状等情况。测量则是对旅游资源的相关数据进行精确测定,为后续的规划和开发提供科学依据。记录和填绘则是将调查所得的数据和信息进行整理和记录，形成完整的档案资料。摄像则是用视频的方式记录旅游资源的实景，为后续的宣传和推广提供素材。田野勘测法的优点在于其直接性和客观性。通过实地调查，调查者能够直接观察到旅游资源的真实情况，避免了信息传递过程中可能出现的失真和误解。同时，利用田野勘测法所获取的数据和信息具有较高的准确性和可靠性，能够为旅游资源的规划和开发提供有力的支持。

然而，田野勘测法也存在一定的缺点和限制。首先，实地调查需要投入大量的人力和物力资源，包括调查人员的交通、食宿等费用，以及测量、摄像等设备的购置和维护成本。其次，田野勘测法可能受到天气、地形等自然条件的限制，有时难以进行深入的调查。最后，对于一些特殊的旅游资源，如历史文化遗址等，还需要考虑到文物保护和遗址安全等问题。

为了克服这些缺点和限制，调查者在实施田野勘测法时需要注意以下几点：首先，要编制详细的调查计划和方案，明确调查目标、范围和方法，确保调查工作的有序进行。其次，要加强与相关部门和单位的沟通协作，争取他们的支持和配合，共同推动旅游资源的调查和开发工作。再者，要注重调查人员的培训和素质提升，提高他们的专业水平和实践能力。最后，要充分利用现代科技手段，如无人机、遥感技术等，提高田野勘测的效率和准确性。

4. 现代科技分析法

现代科技分析法在旅游资源调查中发挥着越来越重要的作用，该方法融合了遥感技术、全球定位系统（GPS）和物探技术等先进的科技手段，为旅游资源的全面、准确调查提供了有力支持。

遥感技术是根据电磁波的理论，应用各种传感仪器对远距离目标所辐射和反射的电磁波信息，进行收集、处理，并最后成像，从而对地面各种景物进行探测和识别的一种综合技术。在旅游资源调查中使用遥感技术可以迅速获取调查区域的地理信息，包括地形地貌、植被覆盖、水体分布等。通过对遥感图像的处理和分析，调查者可以获取大量关于旅游资源的数据和信息，为后续的旅游规划和开发提供重要依据。全球定位系统（GPS）是另一种应用于现代科技分析法的手段。GPS技术通过卫星信号定位，能够精确地测定调查区旅游资源的位置、范围、大小、面积、体量、长度等参数。在旅游资源调查中，GPS技术可以帮助调查者快速定位旅游资源的具体位置，确定其空间分布和形态特征。同时，GPS技术还可以结合地理信息系统（GIS），实现旅游资源的空间数据管理和可视化展示，为旅游规划和决策提供更加直观和便捷的支持。

物探技术则主要用于调查那些尚未被发掘的地下文物。在旅游资源中，地下文物是一种独特的资源类型，具有极高的历史、文化和艺术价值。然而，由于地下文物的隐蔽性和不确定性，利用传统的调查方法往往难以发现它们。而物探技术则可以通过对地下介质物理性质的探测和分析，发现潜在的文物遗址和遗迹。在旅游资源调查中应用物探技术可以帮助调查者揭示地下文物的分布情况和特征，为文物保护和旅游景区开发提供重要线索。

现代科技分析法在旅游资源调查中的应用，不仅提高了调查的精度和效率，还拓宽了调查范围。通过遥感技术、GPS和物探技术的综合应用，调查者可以对旅游资源进行全面的、多层次的调查和分析，更加深入地了解旅游资源的分布、特征和价值。这不仅有助于开发者制定更加科学合理的旅游规划和开发策略，还可以为旅游业的可持续发展提供有力支持。然而，现代科技分析法在旅游资源调查中的应用也面临一些问题。例如，遥感技术受到天气条件、云层等因素的影响；GPS技术在某些特定区域可能存在定位误差；物探技术则需要专业人员进行操作和分析。因此，在使用现代科技分析法进行旅游资源调查时，调查者需要结合实际情况，合理选择和应用各种技术手段，以确保调查结果的准确性和可靠性。

5. 分类对比法

分类对比法就是通过对旅游资源进行分门别类，深入剖析各类资源的特征，并进行对比考察和研究，从而总结出旅游资源的共性特征和个性特征。

实施分类对比法，调查者首先需要将所调查的旅游资源按照形态特征、内在属性、美感等因素进行分类。这一过程中，调查者需要对旅游资源进行细致的观察和分析，确保分类的准确性和科学性。分类的目的在于将具有相似性或相关性的旅游资源归为一类，以便后续的对比和研究。在分类的基础上，进一步对所调查的旅游资源进行对比考察，既可以将同一类型的旅游资源进行横向对比，分析它们之间的共性和差异；也可以将不同类型的旅游资源进行纵向对比，探讨它们在旅游资源体系中的位置和关系。通过对比，开发者可以更加清晰地认识各类旅游资源的独特性和优势，为旅游资源的开发和利用提供有力依据。

分类对比法的优点在于其系统性和全面性。通过对旅游资源进行分类和对比，可以建立一个完整、系统的旅游资源体系，明确各类资源的地位和作用。同时，这种方法还可以帮助开发者发现旅游资源的潜在价值和新的开发方向，为旅游业的创新和发展提供思路。然而，分类对比法也存在一定的局限性。首先，分类的标准和依据可能存在一定的主观性和模糊性，导致分类结果的不确定性和争议性。其次，对比的过程可能受到各种因素的影响，如数据的可得性、可比性等，从而导致对比结果的准确性和可靠性出现问题。最后，实施分类对比法还需要消耗大量的人力、物力和时间资源。为了克服这些局限性，调查者在实施分类对比法时需要注意以下几点：首先，要制定明确的分类标准和依据，确保分类的准确性和科学性。其次，要收集全面、准确的数据和信息，为对比提供有力的支撑。再者，要注重对比方法的科学性和合理性，避免主观臆断和偏见的影响。最后，要加强对分类对比结果的分析和解释，挖掘其深层含义和价值。

第三节　旅游资源的评价

旅游资源评价是旅游景区开发规划的重要基础工作，指的是对构成旅游资源的因子的质量、规模、功能、性质等各方面及旅游资源整体进行的评价，为旅游资源的开发提供科学的依据。

旅游资源评价是一项极其复杂而重要的工作，主要是因为旅游资源内容广泛，种类及性质千差万别，同时，旅游资源评价目的不同，评价的手段和方法也不同，因此，对旅游资源进行评价很难有一个统一的标准。

一、旅游资源评价的内容

旅游资源评价的内容包括旅游资源价值的评价和旅游资源开发条件的评价两种。

（一）旅游资源价值的评价

旅游资源价值评价具体包括资源特色价值、美学观赏价值、历史文化价值、科学研究价值、经济社会价值、规模与组合状况六项指标。

1. 资源特色价值

在旅游业的蓬勃发展过程中，旅游资源的特色价值无疑是吸引游客、推动旅游经济发展的关键性因素。这一价值不仅体现在资源的独特性和稀缺性上，更在于其能够满足游客多样化的需求，为游客带来独特而难忘的体验。

资源特色价值是旅游资源的核心竞争力。在众多的旅游区中，一个地方的旅游资源能否脱颖而出，很大程度上取决于其特色是否鲜明、是否具有独特性。例如，一些地区的自然风光、历史文化、民俗风情等特色资源，往往能够吸引大量游客，不仅为当地带来了可观的经济收益，更提升了旅游区的知名度和影响力。资源特色价值是满足游客需求的关键。随着旅游业的不断发展，游客的需求也日益多样化，他们不再满足于简单的观光游览，而是追求更加深入、个性化的旅游体验。因此，旅游资源的特色价值就显得尤为重要。只有那些具有独特魅力、能够触动游客心灵的资源，才能真正满足游客的需求，赢得他们的青睐。

资源特色价值还是推动旅游业创新发展的重要动力。在激烈的市场竞争中，旅游景区要想保持长久的吸引力，就必须不断创新，提升资源的特色价值，这包括挖掘新的旅游资源、开发新的旅游产品、提升旅游服务质量等。通过不断创新，旅游景区不仅能够吸引更多游客，还能够为游客提供更加丰富多彩、更具特色的旅游体验。要科学评价旅游资源的特色价值，评价者需要进行深入的市场调研，了解游客的需求和偏好；同时，还需要对旅游区的资源进行全面、细致的分析和比较。只有这样，才能准确地把握旅游资源的特色价值，为旅游业的发展提供有力的支撑。

在评价旅游资源特色价值时，还应注重其可持续性和长期效益。特色资源不应仅是一时的热点或噱头，而应具有长久的吸引力和生命力。因此，在开发和利用特色资源时，开发者应注重保护和传承，确保资源的可持续利用和旅游业的可持续发展。

2. 美学观赏价值

在评价旅游资源时，美学观赏价值无疑需要格外重视。这一价值主要体现在旅游资源能够提供给旅游者美感的种类及强度上。无论是自然风光还是人文景观，都蕴含着丰富的美学元素，为旅游者带来深刻的审美体验。

形态美是旅游资源美学价值的重要组成部分。无论是高山峻岭的雄伟壮观，还是湖泊河流的柔美宁静，都以其独特的形态吸引着游客的目光。这些形态各异的自然景观，通过其独特的线条、轮廓和组合方式，展现出大自然的鬼斧神工和无穷魅力。形式美也是旅游资源美学价值的重要体现。形式美主要指的是旅游资源在结构、比例、对称、平衡等方面所表现出的美感。例如，古建筑的飞檐翘角、雕梁画栋，不仅体现了古代匠人的精湛技艺，更在形式上展现出一种和谐、统一的美。这种形式美不仅让游客在视觉上得到满足，更能在心灵深处产生共鸣。

此外，色彩美也是旅游资源美学价值不可忽视的方面。色彩是视觉艺术的基本要素之一，它能够直接影响人们的情绪和感受。旅游资源中的色彩美体现在四季变换的景色、朝霞晚霞的绚丽、花卉草木的缤纷等方面。这些丰富多彩的色彩组合，为游客带来视觉上的享受，同时也传递着大自然的生机与活力。

除了形态美、形式美和色彩美外，旅游资源的韵律美、嗅味美、动态美和意境美等也是其美学观赏价值的重要组成部分。韵律美主要体现在自然景观的节奏感和韵律感上，如海浪的起伏、山风的吹拂等；嗅味美体现在花香、草香等自然气息上，让游客感受到大自然的清新与宜人；动态美则体现在自然景观的动态变化中，如瀑布的飞流直下、云彩的变幻莫测；而意境美则是旅游资源美学价值的最高境界，通过对景色的渲染营造出特定的意境，使游客的心灵得到升华和净化。

在评价旅游资源的美学观赏价值时，需要综合考虑以上各种美学元素，这些元素相互交织、相互影响，共同构成了旅游资源的美学魅力。同时，还需要关注旅游者的审美需求和感受，以及不同文化背景下对美的理解和追求。只有这样，才能更准确地评价旅游资源的美学观赏价值，为旅游业的可持续发展提供有力支持。

3.历史文化价值

在旅游资源价值的评价体系中，对历史文化价值的评价占据了举足轻重的地位。评价旅游资源的历史文化价值不仅仅是对资源本身的一种内在属性的揭示，更是对资源背后所蕴含的历史与文化内涵的深入挖掘。

历史文化价值体现在旅游资源本身所蕴含的文化特征上。这些资源往往具有悠久的历史和深厚的文化底蕴，它们或是见证了时代的变迁，或是助力了一种文化的传承。例如，古老的建筑、遗址、文物等，它们都是历史的见证者，通过它们，我们可以一窥过去的风貌，感受历史的厚重。这些资源所体现出的历史文化内涵，不仅为游客提供了丰富的视觉享受，更让他们在游览的过程中感受到了文化的冲击和历史的沉淀。历史文化价值还体现在旅游资源与重大历史事件、文艺作品、传说故事等的关联上。这些事件、作品和故事往往具有广泛的影响力和深远的意义，它们与旅游资源相结合，使得这些资源具有了更加丰富的文化内涵和更加深厚的历史底蕴。例如，一些著名的历史战役遗址、文人墨客的故居、神话传说的发源地等，都与重要的历史事件、杰出的文艺作品或动人的传说故事紧密相连，为游客提供了一个了解历史、感受文化的窗口。

此外，旅游资源产生的年代和历史地位也是评价其历史文化价值的重要因素。一般来说，年代越久远、历史地位越高的资源，其文化价值越大。这是因为这些资源往往具有更加独特的历史背景和更加丰富的文化内涵，它们所蕴含的历史信息和文化元素也更为珍贵和稀有。因此，在评价旅游资源的价值时，应充分考虑到其产生的年代和历史地位，以更加全面、准确地评估其历史文化价值。然而，要准确评价旅游资源的历史文化价值并非易事。这需要评价者具备丰富的历史和文化知识，以便能够深入挖掘资源背后的历史信息和文化内涵，同时，还需要运用科学的方法和手段，对资源进行全面的考察和分析，以确保评价的准确性和客观性。

在评价过程中，还应注重保护和传承历史文化资源。这些资源是人类宝贵的文化遗产，是连接过去与未来的桥梁。因此，在开发和利用这些资源时，应尊重历史、尊重文化，确保资源的可持续利用和文化的永续传承。

4.科学研究价值

旅游资源的科学研究价值不仅代表了资源在自然科学和社会科学方面的探索潜力，更体现了其在教育科研领域的独特价值。因此，对旅游资源的科学研究价值进行深入挖掘和评估，对于推动旅游业的可持续发展、促进科研领域的创新以及提升教育资源质量都具有重要意义。

一方面，旅游资源的科学研究价值体现在其在自然科学领域的探索潜力上。自然资源，如山川河流、动植物群落等，为生物学家、地质学家等提供了宝贵的研究样本和实验场地。通过对这些资源的研究，科学家们可以揭示自然界的奥秘，推动自然科学的进步，这些研究成果也可以为旅游业的开发提供科学依据，促进旅游资源的合理利用和保护。另一方面，旅游资源的科学研究价值还体现在其在社会科学领域的探索价值上。人文景观、历史遗迹等旅游资源，是社会学家、历史学家等研究人类文化和社会发展的重要倚仗。通过对这些资源的研究，科学家们可以深入了解人类文明的演进历程，揭示社会发展的内在规律。这些研究成果不仅可以丰富人们的知识储备，还可以为旅游业的文化内涵提升提供有力支持。

此外，旅游资源的科学研究价值还体现在其在教育科研领域的独特作用上。旅游景区作为生动的教学和实践基地，为各级教育机构提供了丰富的教学资源。通过组织学生开展实地考察、研学旅行等活动，可以让学生在实践中学习知识、锻炼能力，提升综合素质。同时，这些活动也可以促进教育资源的共享和优化配置，推动教育公平和教育的均衡发展。然而，要充分发挥旅游资源的科学研究价值，还需要加强科研投入和人才培养。一方面，需要加大对旅游资源科研项目的支持力度，鼓励科研人员深入开展相关研究；另一方面，还需要加强旅游从业人员的科学素养培训，提升他们在旅游资源保护和利用方面的专业能力。还需要建立健全旅游资源科研成果转化机制。通过加强产学研合作、推动科研成果的商业化应用等方式，将旅游资源的科研成果转化为实际生产力，为旅游业的创新发展和转型升级提供有力支撑。

5. 经济社会价值

在评价旅游资源的价值时，经济社会价值也是重要的评价方面。对旅游资源的经济社会价值进行评价，不仅关系到旅游资源的开发利用和经济效益的创造，更与人们的福利、身心健康以及科技文化交流等方面息息相关。因此，深入理解和评估旅游资源的经济社会价值，对于推动旅游业的可持续发展具有重要意义。

经济社会价值直接体现在旅游资源所带来的经济收入上。旅游业的繁荣发展，不仅为当地带来了可观的旅游收入，还促进了相关产业的兴旺发展，如餐饮、住宿、交通、娱乐等。这些产业的发展不仅为当地创造了大量的就业机会，提高了居民的收入水平，还为政府带来了可观的税收收入，推动了地方经济的快速增长。旅游资源的经济社会价值还体现在促进人们福利和身心健康方面。旅游活动是一种愉悦身心的体验，它可以让人们在繁忙的工作和生活中得到放松和休闲。通过旅游，人们可以开阔视野，增长见识，丰富人生阅历。同时，旅游活动还能促进人与人之间的交流和互动，增进友谊和相互理解。这些积极的影响不仅提升了人们的生活质量，还增强了社会的凝聚力和向心力。

旅游资源的经济社会价值还体现在对科技文化交流的推动上。旅游业的发展促进了不同地区、不同文化之间的交流与融合。通过旅游活动，人们可以接触到不同的文化、风俗和习惯，了解不同地区的历史、现状和未来。这种交流不仅有助于增进人们对世界的认识和理解，还能推动科技文化的创新和进步。同时，旅游业的发展还带动了文化产业的繁荣，为传统文化的传承和发展提供了新的机遇和平台。

6. 规模和组合状况

旅游资源的规模和组合状况直接关系到旅游资源的整体吸引力、开发潜力以及可持续发展性，下面将从多个维度深入探讨评价旅游资源的规模和组合状况的作用。

规模和组合状况反映了旅游资源的大小和尺度。不同的旅游资源具有不同的规模特征，从单个景点到整个旅游景区，再到风景名胜区或旅游区，它们的规模大小直接影响了旅游资源的整体价值和吸引力。规模较大的旅游资源往往能够提供更丰富、更全面的旅游体验，满足游客多样化的需求。同时，规模较大的资源也更容易形成品牌效应，提升旅游目的地的知名度和影响力。

规模和组合状况体现了旅游资源的组合质量。一个优质的旅游资源组合应该包括多种类型的资源，如自然景观、人文景观、历史遗迹等，这些资源能够相互协调、互为补充，共同构成一个具有独特魅力的旅游目的地。通过合理的组合和布局，可以使旅游资源在整体上呈现出一种和谐、统一的美感，从而优化游客的旅游体验。

规模和组合状况还决定了旅游资源的群体价值特征。当多个景点或资源在一定地域上较为集中时，它们之间可以形成相互借景、相互衬托的关系，进一步提升整个区域的旅游价值。同时，这种集中分布的特点也使旅游资源的开发和管理更为便利和高效。

值得注意的是，并非所有具有高特质、高价值、高功能的旅游资源都可以被大规模开发。只有当这些资源在一定地域上相对集中，且能够与其他类型的资源协调布局和组合时，才能形成具有一定规模和影响力的旅游资源集合体。因此，在评价旅游资源价值时，需要综合考虑其规模和组合状况，以便更准确地评估其开发潜力和市场前景。

（二）旅游资源开发条件的评价

旅游资源自身的价值固然非常重要，但旅游资源开发仍要受到许多外部客观条件的限制，因而对旅游资源客观条件的评价不可或缺。旅游资源开发条件的评价包括区位条件的评价、环境条件的评价、效益条件的评价、客源条件的评价和施工条件的评价五个方面。

1. 区位条件的评价

区位条件包括旅游资源的地理位置、交通条件、与周围旅游区之间的相互关系三个方面。地理位置往往影响旅游资源的吸引力、开发规模、路线布置及利用方向等。世界上许多旅游区（点）因其特殊的地理位置而增强了吸引力，成为世界旅游的热点地区。交通条件即可进入性，指一般旅游者接触旅游资源的可能性。某个景观再美，如果交通不便，也很难招揽游客。旅游资源的吸引功能及价值，很大程度上受与客源的距离及游客进出难易程度的制约。一般与交通干线及辅助线距离越近，可进入性越强。另外，通往旅游区的道路状况及所费时间，也影响到进入性。与周围旅游区之间的相互关系包括该旅游资源分布区与另一旅游资源分布区之间的区位关系，以及它是否濒临名山、名河、名岛、名湾、名湖、名城等，这些既影响资源本身的开发价值，也影响它的吸引效应。

2. 环境条件的评价

自然条件包括自然环境、社会经济环境和旅游环境容量。自然环境指旅游资源所在地的地质地貌、气象气候、水文、土壤、动植物等要素。社会经济环境指旅游资源所在区域的政治、经济、基础设施、医疗保健及当地居民对旅游业的态度等。经济发展水平影响旅游地的基础设施建设，也影响能否吸引素质较高的人力资源；基础设施影响投资多少和规模，也影响旅游景区开发的效益。在医疗保健条件好的地区，游客在旅游过程中的健康能得到更好的保障，而且意外伤害也能得到更及时的处理。如果当地居民热情好客，游客就会有一种宾至如归之感。旅游环境容量指在一定时间范围内，一定旅游资源所在的空间区域开展旅游活动的能力，一般用容时量和容人量两个数据来衡量。旅游资源景观数量越多、规模越大、场地越开阔，它的容时量和容人量就越大。

3. 效益条件的评价

效益条件的评价包括经济效益、社会效益和环境效益的评价，评价时应综合分析，以得出科学的结论。经济效益的评价不仅应估算投资量、投资回收期等主要的经济指标,而且应评估受关联带动作用影响由乘数效应带来的综合经济效益。社会效益包括正负两个方面:正面效益有增长知识、打破地区封锁、利于各地建立良好关系等;负面效应包括对旅游地的社会风尚、伦理道德等的负面影响。环境效益是指旅游景区开发带来的环境美化、交通顺畅、自然保护区建立等积极影响,也包括旅游景区超负荷接待导致的资源破坏、生态环境恶化等负面影响。如果旅游资源开发与环境保护存在较大矛盾,则应以保护环境为重。

4. 客源条件的评价

客源条件包括旅游景区所能吸引的客源的范围、辐射半径、季节变化导致的客源层次及特点变化等。客源市场大小决定着旅游资源的开发规模和开发价值。客源存在时空上的变化:在时间上,客源的不均匀分布形成旅游的淡旺季;在空间上,客源的分布半径及其密度由旅游资源的吸引力和社会经济环境决定,旅游资源特色强、规模大、接待环境好的旅游区,其客源范围和数量都较为可观。

5. 施工条件的评价

开发旅游资源之前还需评价项目的难易程度和工程量的大小。首先,要评价工程建设的自然基础条件,如地质、地貌、水文、气候等条件;其次,评价施工程建设的供应条件,包括设备、食品、建材等。评价施工环境条件的关键是权衡经济效益,对开发施工方案进行充分技术论证,同时要考虑经费、时间的投入与效益的关系。

二、旅游资源综合评价的方法

旅游资源评价的方法可以概括为两大类,即定性评价和定量评价。

（一）旅游资源定性评价方法

定性评价又称经验法，主要是评价者（专家或旅游者）基于对旅游资源观察后的个人体验，凭印象判断旅游资源的价值。此方法简便易行，但往往会受到评价者自身主观意向和偏好的局限。常用的定性评价主要有"六字七标准"评价法、"三三六"评价法、一般体验性评价和美感质量评价等。

1. "六字七标准"评价法

该评价法是从资源本身和资源所处环境两个方面对旅游资源进行评价。评价旅游资源本身的"六字"指的是美、古、名、特、奇和用。"美"是指旅游资源给予欣赏者的美好感受；"古"指旅游资源的悠久历史；"名"指有名的景观或与名人有关的遗迹；"特"指在一定区域范围内独有或罕见的旅游资源；"奇"指给人以奇异、奇妙、奇特之感的景观；"用"指能够给人以使用价值。评价资源所处环境所采用的"七标准"分别是季节性、环境污染状况、与其他旅游资源之间的联系性、可进入性、基础结构、社会经济环境和客源市场。

2. "三三六"评价法

"三三六"评价法即三大价值、三大效益和六大开发条件。"三大价值"指旅游资源的历史文化价值、艺术观赏价值和科学考察价值；"三大效益"指旅游资源开发之后的经济效益、社会效益和环境效益；"六大开发条件"指旅游资源所在地的地理位置和交通条件、景象地域组合条件、旅游环境容量、旅游客源市场、投资能力和施工难易程度六个方面。

3. 一般体验性评价

一般体验性评价是对大量旅游者或旅游专家进行旅游资源优劣排序的

问卷调查，对调查结果进行统计，或对旅游地或旅游资源在报刊、旅游指南、旅游书籍上出现的频率进行统计，并综合这些统计数据，确定一个国家或地区旅游资源的排序，以测定旅游资源的整体质量和大众知晓度的方法。我国曾评选的"中国十大名胜"和"中国旅游胜地四十佳"就是运用该方法得出的。但是这种方法仅限于少数知名度较高的旅游资源或旅游地，对于一般的或尚未开发的旅游资源则难以采用这一方法进行评价。

（二）定量评价法

定量评价法是尽最大可能量化构成旅游地资源的各种因子，运用数学方法或其他方法对资源进行科学的评价，得出科学结论的评价方法。

1. 技术性的单因子定量评价

技术性的单因子定量评价是在评价旅游资源时集中考虑某些关键因子，进行技术性的适宜度或优劣判断，这种方法对于开展专项旅游活动如登山、滑雪、游泳等的旅游资源较为适用。

2. 多因子综合评价法

这种评价方法的特点是考虑多种因子，应用一定的数学方法，对旅游资源进行综合评价。根据评价目的选择评价因素和评价因子，然后就这些因素和因子逐项进行评价，得出数值，经汇总后得到该旅游资源或旅游地的整体价值或开发价值评估，一般按照我国《旅游资源分类、调查与评价》的标准对旅游资源单体进行评价。

第三章　旅游景区形象的设计与传播

第一节　旅游景区形象系统概述

一、旅游景区形象的定义

旅游景区形象是由旅游景区各种吸引因素交织而成的文化的综合反映和外在表现，是旅游景区呈现在公众心目中的图景和造型。对旅游者而言，旅游景区形象是游客对旅游景区信息进行综合处理的结果。旅游景区形象是在一定时期和一定环境下，公众对旅游目的地的各种感知印象、看法、感情和认识的综合体现，即旅游者对某一旅游地的总体认识和评价，是对区域内在和外在精神价值进行提升的无形价值。对设计者而言，旅游景区形象是设计者对旅游景区形象的整饰和包装。

二、旅游景区形象的分类（从旅游者的角度）

借鉴心理学的相关原理，下面从旅游者认知旅游景区的内心感受和印象生成的心理过程等角度来探讨旅游景区形象的分类。

从感知对象角度，旅游景区形象可被分为人地感知形象（来源于知觉）和人人感知形象（包括情感过程和意志过程，是大脑对信息进行综合处理的结果）。人地感知形象来源于旅游者对人地感知因素（旅游景区的地理景观）的感知，感知者与被感知者之间不存在直接的互动关系；人人感知形象来源于人对人人感知因素（旅游者和旅游景区内的从业人员、管理人员、社区居民等）的感知，感知者与被感知者之间具有直接的感知互动，并产生深层次的心理感受而不只是单纯的感官感受。

从感知空间角度，将要素形象分解为第一印象区形象、光环效应区形象、核心区形象和最后印象区形象；从感知步骤的角度，将吸引力的产生分为留下印象、留下好印象、留下好形象、成为心目中美好的地方。

三、旅游景区形象的"整饰"（从设计者的角度）

所谓"整饰"旅游景区形象，实际上是对旅游景区进行人为的主题设计，对游客进行有意识的引导；是以统一的文化基调、差别化的个性塑造、人工强化的符号，有意识地对旅游景区进行简洁化处理。

形象是旅游景区的生命，是其形成竞争优势最有力的工具。个性鲜明、亲切感人的旅游形象以及高品质的旅游产品可以帮助旅游地在旅游市场上较长时间地占据有利地位，而这种优势的来源是具有差异性的产品与个性化的服务。

目前我国旅游产品越来越多，同质旅游产品、类似旅游产品也越来越多，突出优点甚至突出特点越来越难；而且，信息传播手段、途径越来越多，旅游者面临的问题不是信息不畅，而是信息过载，游客很难进行有效选择，所以景区需要通过人为的设计对自身形象进行"整饰"。

（一）良好的形象是吸引游客的关键因素

从体验和文化层面来说，形象是激发游客出游动力的关键因子。旅游景区通过形象设计，使旅游景区产品易于识别和记忆，引起游客注意，使游客产生一种追求感，诱发其旅游欲望。

（二）良好的形象产生竞争优势

鲜明而有创意的形象可以形成较长时间的优势，减弱与其他旅游景区同质产品之间的冲突，增强旅游景区的附加值和吸引力。同时，良好的形象容易使旅游者对旅游景区产生偏爱和品牌忠诚，进而导致认牌购买的行为倾向。

（三）良好的形象是旅游景区的品牌和资产

良好形象带来好的口碑和品牌效应，增加旅游景区的附加价值和吸引力，是旅游景区的巨大财富。个性形象的树立和传播形成宣传热点和轰动效应，提高旅游景区美誉度。知名度的外显是旅游景区开拓市场的先锋和利器。

（四）旅游景区形象"整饰"原则

1. 简洁化

在如今繁多的信息刺激感官的背景下，人们追求简洁，而且只能接受简洁，所以简洁的形象设计有利于景区宣传。

2. 统一基调

旅游景区统一的文化基调，可以对游客进行多次刺激，形成印象。

3. 树立差别

引入企业识别系统（CIS）的策划方法，强化、塑造差别，并使之贯穿于旅游景区的实体建设、经营管理和服务的全过程。

四、旅游景区识别系统

（一）旅游景区理念识别系统

理念识别系统是旅游景区形象系统的核心和灵魂，旅游景区的理念包括旅游景区组织的理念和旅游景区的经营管理观念。

旅游景区理念识别系统的组成：旅游景区使命、经营观念、行为规程、活动领域。

（二）旅游景区行为识别系统

旅游景区行为识别是传播旅游景区组织理念的一种动态识别方式，主要由服务行为识别和社会行为识别两部分组成。

服务行为识别是指旅游景区对员工进行教育、培训以及为员工创造良好的工作环境，以保证员工有条件提供最佳的产品和服务的一种对内的行为识别。

社会行为识别是指旅游景区为塑造良好的旅游景区形象，促进旅游景区产品销售而面向社会开展的一系列对外的行为识别，主要包括旅游景区公共关系活动、社会公益活动、专题活动、形象广告活动等。

（三）旅游景区视觉识别系统

旅游景区视觉识别系统的内容如表 3-1 所示。

表3-1　旅游景区视觉识别系统内容

形象构成	主要说明
第一印象区	游客最先进入的旅游景区视觉空间
最后印象区	旅游最后离开的景点或旅游景区
光环效益区	旅游景区中具有决定性意义的地方
地标区	能作为旅游景区的形象代表的地段
典型镜头区	旅游景区内的标志性旅游景点
视觉识别符号	标徽、标准字体、标准色、象征性吉祥物、象征性人物等基本符号
应用识别符号	在具有使用价值的物品上的具有宣传意义的旅游景区符号，如旅游纪念品、办公及公关用品、指示类应用设计（标识牌、路牌、方向牌等）、服务人员的服饰等
光环效应识别符号	通过有关组织的认证或由有关组织授予的标志，这些标志能提升旅游景区形象，如世界遗产地、国家级风景名胜区、国家AAAAA级旅游景区、国家森林公园、国家旅游度假区等

第二节　旅游景区形象定位与形象设计

旅游景区的形象定位是旅游景区形象设计的前提和核心。形象定位就是要使旅游景区的形象深入潜在游客的内心，使旅游景区在游客心中形成生动、形象、鲜明而强烈的感知形象。旅游景区形象定位必须以形象调查和景区特色为基础，以客源市场为目标，塑造富有个性、独特鲜明的形象。

一、形象定位的原则

旅游景区形象定位就是旅游景区确定自身在公众心目中的形象地位。定位不是发明或创造，而是通过调整已存在于对象认知里的信息，去重新确定自己在对方认知中的重要性。

（一）资源导向

旅游景区的核心吸引力在于其独特的资源，这些资源不仅是景区的本钱和生命，更是决定其定位的关键因素。因此，在进行旅游景区形象定位时，首先要遵循资源导向原则，深入挖掘和整合景区资源，确保定位与资源紧密相连，相得益彰。

资源导向原则强调立足旅游景区资源的挖掘与整合。这意味着景区形象设计者需要对景区内的自然资源、人文资源、历史资源等进行全面、深入的梳理和分析，把握其最显著的特征和独特之处。通过挖掘资源的独特性和价值，可以为景区的形象定位提供有力支撑，确保定位与景区资源的内在品质相契合。同时，资源导向原则还要求设计者在形象定位中体现资源的深刻内涵。一个成功的旅游景区形象定位，不仅要展示资源的表面特征，更要深入挖掘其背后的文化内涵和精神价值。这样的定位才能更具深度和内涵，更能够吸引游客的关注和认同。

在实施资源导向原则时，还需要注重差别化战略的运用。差别化战略是指通过突出旅游景区的独特性和差异性，使其在激烈的市场竞争中脱颖而出。在形象定位中，设计者要善于发现和强调景区的独特卖点，通过高品位的艺术形式将其集中表现出来。

（二）文化导向

文化导向作为形象定位的核心原则，对于塑造景区的独特魅力和提升旅游吸引力具有不可替代的作用。

一个成功的旅游景区形象，不仅能够吸引游客的目光，更能够激发他们内心的共鸣，使其产生强烈的旅游意愿。因此，在进行旅游景区形象设计时，必须深入挖掘景区资源的文化底蕴，提炼和升华景区的个性品质，以突出其文化个性和文化品位。

文化导向要求设计者在形象定位过程中注重对文化底蕴的挖掘。每个旅游景区都有其独特的历史背景、地方特色和民族风情，这些都是构成景区文化底蕴的重要元素。在形象定位过程中，设计者要充分利用这些资源，通过深入研究和挖掘，将景区的文化内涵充分展现给游客。这样不仅能够让游客在游览过程中感受到浓郁的文化氛围，还能够提升他们对景区的认知度和满意度。文化导向原则还强调在形象定位过程中注重文化的提炼和升华。提炼文化精髓，就是要将景区中的文化元素进行筛选、整合和重构，以形成具有独特魅力的文化符号。升华文化品位，则是要在提炼的基础上，通过创新性的设计和表现手法，将景区的文化特色进行高度概括，以形成具有深度和广度的文化主题。这样的主题不仅能够吸引游客的眼球，还能够引发他们对景区文化的深入思考和探究。

此外，文化导向原则还要求设计者在进行形象定位时注重主题的创新和深度。主题作为景区形象的核心，必须具有新意和深度，不能仅停留在表层概念上。要深入挖掘景区的自然生态环境特征，以文化内涵命名主题，创造出新颖、独特的个性形象。同时，还要注重主题的深度挖掘，通过深入挖掘景区的历史文化、民俗风情等元素，不断丰富和深化主题的内涵，以形成具有深度和广度的文化主题。

（三）市场导向

旅游本质上是一种体验或经历，它超越了简单的观光与游览，更注重游客在旅游过程中所获得的心灵触动与深刻感受。因此，在进行旅游景区的形象定位时，设计者必须紧密围绕市场导向原则，确保所打造的形象能够与市场需求紧密契合，为游客创造一个独特而难忘的形象。

市场导向原则强调以旅游者的需求和体验为核心，进行旅游景区形象的精准定位。这意味着设计者必须深入了解游客的期望、偏好和行为模式，通过市场调研和数据分析，把握市场的最新动态和发展趋势。在此基础上，设计者可以针对不同类型的游客群体，制定个性化的形象定位策略，以满足他们多样化的旅游需求。

旅游景区形象展示出的意境是游客在旅游过程中最为关注的部分。它不仅仅是一种视觉上的呈现，更是一种心灵的触动和情感的共鸣。因此，在形象定位过程中，设计者要用心营造一种独特的意境，通过景观、建筑、文化、活动等多方面的设计，打造出一个富有内涵和感染力的旅游空间。同时，市场导向原则还强调形象的连贯性和整体性。一个成功的旅游景区形象定位，应该是由一系列主题意境单元组合而成的，这些单元之间应该具有内在的联系和逻辑关系，形成一个完整的意境流。这样，游客在游览过程中，能够体验到连续的、过渡自然的意境变化，从而获得更加深刻的旅游体验。

在贯彻市场导向原则时，还需注重创新性和差异化。旅游市场竞争激烈，同质化的形象定位往往难以吸引游客的注意。因此，设计者要善于发掘旅游景区的独特之处，通过创新的思维和手法，打造出独具特色的形象。这样不仅可以提升景区的市场竞争力，还可以为游客带来更加新鲜、有趣的旅游体验。此外，市场导向原则还要求设计者注重与游客的互动和沟通。通过有效的营销手段和渠道，将景区的形象定位传递给游客，同时积极收集游客的反馈和建议，不断优化和完善形象定位策略。这样不仅可以提升游客的满意度和忠诚度，还可以为景区的持续发展注入新的活力和动力。

二、受众调查和竞争者分析

旅游规划与开发必须以市场为导向，遵循市场—资源—产品—市场的规律，即根据市场需求筛选资源，经过一定的技术手段处理，将资源加工成产品，推向市场，接受市场对产品的检验，因此，市场因素是旅游资源开发成功与否的关键。市场调查的目的，是摆脱个人有限经验和主观推断的影响，以正确的方法主动收集、掌握相关的旅游市场需求信息。具有针对性的客观需求信息，是旅游景区开发规划决策最主要的依据，其意义包括：为旅游经济部门和旅游景区开发部门的决策者制定政策、进行预测和制订计划提供依据；可以为旅游景区开发规划提供第一手材料和可靠信息，指导开发者进行总体设计；为开发部门提供旅游者旅游消费需求的变化信息，以便进行合理的规划、布局设计、服务项目制定、购置设备、设施等，并为充分利用旅游资源寻找客源市场；为开发研究部门提供技术和竞争动向方面的情报。

（一）受众调查

旅游景区形象是由开发者和旅游者共同决定的，旅游者即受众。受众调查是为了了解人们对旅游景区形象的认知，包括对地理环境实体，如风景实体的感知以及对当地人文社会的抽象感知。受众调查的基本内容包括受众基本情况（身份、受教育程度、收入水平等）、对旅游景区的认知和产品选择、对旅游产品和服务的预期、获取信息的途径等。

旅游景区形象是影响游客选择旅游目的地的重要因素，因此受众调查首先要调查旅游者对目的地的了解程度、对目的地的喜欢程度，即旅游地的知名度和美誉度。知名度是一个旅游景区被公众知晓、了解的程度，是评价旅游景区"名气"大小的客观尺度。其测算公式为：

$$知名度 = 知晓公众人数 / 公众人数 \times 100\%$$

美誉度是一个旅游景区获得公众（或旅游者）信任、赞许的程度，是评价旅游景区社会影响好坏的指标。其测算公式为：

$$美誉度 = 称赞公众人数 / 知晓公众人数 \times 100\%$$

在现实生活中，知名度和美誉度并不必然存在正向关系，如果旅游景区的高知名度是因为"臭名昭著"，那么其美誉度一定是相当低的。因此，旅游景区若想树立良好的形象，就必须把同时提高知名度和美誉度作为追求的目标。

（二）竞争者分析

竞争者分析是在市场竞争下的一种形象差别化战略。

实施竞争者分析时一般需要对下列因素进行比较：自然旅游资源，如气候与地形；文化和历史资源，如历史遗存、传统节日；基础设施，如道路网络、水电供应、通信设施等；进入方式及旅游景区内交通设施；吸引物与旅游设施；等等。

三、主题形象口号设计

形象定位最终应由一句精辟而富有创意和感染力的主题口号概括和表述。形象口号是旅游者易于接受和容易传播旅游形象的最有效的方式，它集中揭示旅游景区的形象理念，是文、史、地三脉的组合。形象口号作为形象语言层面的表现形式，是将旅游景区形象打入潜在旅游者脑海的关键，要具有亲和力和时代感，并考虑形象信息传播的深度和影响力，形式可以借鉴广告。

设计旅游景区形象口号的原则：地方性——内容源于文脉；行业特征——表达针对顾客；时代特征——语言紧扣时代；广告效果——形式借鉴广告。

（一）多面孔的形象口号

形象口号不是唯一和一成不变的，在旅游景区不同的发展阶段，面对不同尺度的目标市场空间，形象口号是"分尺度""分时段"的，内外有别。根据涉及的空间大小可以把旅游空间行为划分为大、中、小三个尺度，空间尺度和时间维度往往是同步、统一的，即小尺度空间形象也正是旅游景区近期的目标形象；同理，中尺度空间对应中期形象，大尺度空间对应远期形象。

（二）形象口号：从具象到意境

意境其实就是一种场所氛围。挪威学者诺伯舒兹提出的场所精神认为，场所是环境的一种具体形态，是由物质的本质、形态、质感及颜色所组成的一个整体。

从形象的角度来说，就是通过一系列具有一定主题的意境形象单元的组合，形成具有内在联系的景观形象意境流。形象意境流的设计很大程度上取决于地方性研究和某种意境的创造。山峦、水体、村庄和社会文化心理积淀共同构成旅游景区的本底形象意境流，这种自然状态的形象意境需要设计者把地方精神提升为主题思想，并采用古典园林的造园手法，使整个旅游景区成为一个大的主题形象意境，让旅游者产生心理意境重合，提升审美感受。

旅游景区形象越来越趋于给旅游者创造一种意境形象，不管是在景观设计还是在宣传口号上都力图让旅游者产生一种联想，以此吸引他们的注意力，如大连过去的形象口号是"北方明珠"，后来又定位为"浪漫之都"，通过广场绿化、城市建筑、海滩、节庆活动来营造浪漫的感觉和氛围；香港过去是"购物天堂"，现在又增加了"动感之都"的口号，让旅游者对香港的魅力更加迷恋。

四、人地感知形象设计

（一）旅游景区景观形象

旅游景区景观是自然景观和人工景观的整合。开发时要力图保持自然景观的原生态面貌，必要时可将自然景观按照既定主题进行必要的切除和修补，去其糟粕，取其精华，使旅游景区不同的视觉景观有各自的特性，同时又在主题方面成为一个整体。人工景观要"少而精确"，依据主题策划的需要而建造，不仅要发挥使用功能，还要充分体现艺术性和景观功能，做到"巧夺天工"，不露痕迹。

（二）视觉识别系统

旅游景区的视觉形象包括基本设计要素（旅游企业标志、名称、标准字、标准色、景物造型和口号）和应用设计要素（办公用品、证件、礼品、广告、指示系统、交通系统、服饰用品、娱乐设施等）。视觉形象要做到全面化和特色化，它强调的是一种格调，塑造的是一种气氛，给旅游者带来的是一种浪漫的风情，观念上重视人性化，形式偏重艺术化，手法注重浪漫化。旅游景区视觉形象设计的核心是旅游形象标志。可以将旅游景区标志性景观当作元素设计形象标志，营造并强化旅游景区的旅游形象。

五、人人感知形象设计

人人感知的直观数据是游客满意度。有三种行为因素决定游客满意度，即旅游景区从业人员提供给旅游者的服务、当地居民的态度和行为、其他旅游者的行为。

（一）旅游景区从业人员

"善解人意"和"细致入微"只是基本要求，旅游景区服务的重点应该是个性化和有人情味的高质量旅游服务。要深化旅游景区从业人员对旅游景区形象内涵的理解，并增强他们将形象主题传递给旅游者的能力。

（二）当地居民

旅游景区所在地居民是旅游景区形象的塑造者和体现者，他们的生活方式、语言、服饰、活动行为等，与风景一样，都是被观察或观赏的对象。要突出当地居民的正面形象，让他们自觉地以自己的言行来维护旅游景区的良好形象。

（三）其他旅游者

旅游者会对旅游景区的形象和主题产生文化共鸣和心理认同。旅游者在旅游过程中相互交流和沟通，能够获得更多的体验和感受，提高旅游满意度。

第三节　旅游景区的形象链设计

旅游景区是一个整体，设计者必须围绕主题来整合产品项目、游憩系统、营销方案的设计，形成整体形象统率下的产品链、活动项目链、游憩系统链、营销链，此所谓旅游景区形象链设计。

整体形象、功能区二级形象和旅游景区核心地段形象构成了旅游景区形象的系统链，成为旅游者容易辨认的特质和游玩线索。

一、功能区形象链

旅游景区各功能区是依据开发主题和开发时序划分的相对独立的空间，功能区之间有相互衔接和融合的关系，旅游景区总体形象也相应分解为若干副主题，或称分区形象主题、二级形象，落实到具体的功能区域。这些功能区环环紧扣，承上启下，重点突出，共同构成了多层次、有深度、内涵丰富的主题形象体系，体现旅游景区系统内部的丰富性、组织性、功能整合性。功能区形象设计的原则如下：

（一）承上启下原则

旅游景区的总体形象占据核心和统率地位，功能区形象要与之保持一致，但这种一致性不是简单的模仿或复制，而是承上启下的整体与局部的关系。功能区形象的设计应在体现各区资源特色、产品项目以及发展目标的基础上，从某一个方面去充实和强化总体形象，同时也使功能区从整体中凸显出来，形成自身亮点。

（二）协调互补原则

旅游景区各功能区之间资源分布的空间差异，导致不同区域的功能定位、发展目标和产品项目有所不同，功能区形象也必然各不相同。但作为同一层次的景域空间，各功能区在旅游景区开发的各个方面和各个层面存在着协调一致、互动互补、相互促进的关系，而不是相互干扰和替代的关系，因此，功能区形象设计应遵循协调互补原则，避免各个功能区之间发生概念混乱和开发冲突。

二、核心地段形象链

核心地段主要指旅游景区的第一印象区、最后印象区、光环效应区和地标区，这些区域是旅游景区形象的重要景观载体和精华所在。

（一）第一印象区

对于旅游者来说，每一个旅游景区都具有独特的魅力和值得期待的地方，当他们踏入这片未知的土地，首先迎接他们的，便是第一印象区。这个区域，不仅是旅游者到达或进入旅游景区的门户，更是他们体验旅游景区文化的起点。

第一印象区，通常包括旅游景区的入口、接待中心以及边缘区域等引景空间。它如同一张精美的名片，展示着旅游景区的独特气质与魅力。当旅游者第一次踏足这片土地，他们首先会被这些精心设计的空间所吸引，感受到一种与众不同的氛围。由于第一印象效应和晕轮效应的存在，这个区域的形象设计尤为重要。第一印象效应告诉我们，人们对于某个事物的初步印象往往会影响其后续的判断与感受；而晕轮效应则使得这个初步印象像一个光环一样，扩散到对整个旅游景区的认知中。因此，一个成功的第一印象区设计，不仅能够为旅游者带来愉悦的体验，还能够为整个旅游景区的形象加分。

为了打造出一个令人难忘的第一印象区，设计者需要在景观设计中赋予其独特的主题。这些主题可以源自当地的历史文化、自然风光或民俗风情，设计者通过巧妙的构思与布局，将这些元素融入这片空间，形成一道道独特的风景线。营造氛围也是第一印象区设计的重要一环。通过合理的色彩搭配、光影运用以及植物配置等手段，可以为旅游者营造出一个温馨、舒适或神秘的氛围，让他们从踏入这个区域的那一刻起，便能够沉浸其中，感受到旅游景区的独特魅力。

第一印象区还是连接外部空间与旅游景区旅游空间的情感缓冲地带。在这个区域，旅游者逐渐从日常生活的喧嚣中抽离出来，进入一个全新的、充满惊喜与探索的旅程。因此，设计者需要利用不同的设计手段，使这个区域成为一个自然的过渡空间，让旅游者在不知不觉中融入旅游景区的氛围。

第一印象区还是实现预体验的特定空间。在这里，旅游者可以通过观看宣传资料、听取导游讲解或参与一些简单的体验活动等方式，对旅游景区的特色与亮点有一个初步的了解与感受。这种预体验不仅能够帮助旅游者更好地规划自己的旅程，还能够激发他们对后续景点的期待与兴趣。

第一印象区作为旅游景区核心地段形象链的起点，其设计的重要性不言而喻。设计者需要通过精心的规划与设计，将这个区域打造成一个充满魅力与特色的空间，帮助旅游者开启一次难忘的旅程体验。

（二）最后印象区

在塑造旅游景区形象的过程中，最后印象区的设计无疑扮演着举足轻重的角色。最后印象区不仅是旅游者离开旅游景区前的最后接触点，往往也是与第一印象区相重合的关键地带，旨在为游客的旅程画上一个圆满的句号。

作为整个旅游景区的终点，最后印象区的设计至关重要。它的设计不仅要考虑游客在此地段的体验感受，更要通过精心打造的场景和氛围，给游客在离开时留下深刻的印象，让他们带着满满的愉悦和感悟重新踏上人生路。在最后印象区的规划中，温馨和回味是两个不可或缺的主题。温馨，意味着游客在此能感受到如家般的温暖和舒适，这种氛围可以通过柔和的灯光、舒适的座椅、贴心的服务等手段来营造。而回味则是指游客在离开时能够回忆起在景区度过的美好时光，这可以通过设置特色纪念品商店、播放景区精彩瞬间视频等方式实现。

最后印象区的设计还应注重与整个旅游景区的形象链相协调。它既是游客旅程的终点，也是景区形象链的收尾。因此，在风格、色彩、文化内涵等方面，最后印象区都应与景区其他地段保持一致，确保游客在离开时能够形成对景区整体的深刻印象。在实践中，许多成功的旅游景区都注重打造独具特色的最后印象区。这些景区通过精心设计的建筑、景观和设施，为游客营造了一个既温馨又值得回味的离别场景。

通过精心打造最后印象区，旅游景区不仅能够为游客提供一次难忘的旅行体验，更能够在游客心中留下深刻的印象，为景区的口碑传播和品牌建设奠定坚实的基础。同时，这些最后印象区也成为游客在离开后与朋友、家人分享旅行经历时的重要话题,这对于进一步扩大景区的影响力和知名度有很大帮助。

优秀的最后印象区对于提升景区整体形象、提升游客满意度和忠诚度具有重要意义。因此,在旅游景区的规划和建设中,设计者和开发者应充分重视最后印象区的设计和打造,确保其为游客的旅程画上一个圆满而深刻的句号。

(三)光环印象区

在旅游景区的众多区域中,光环印象区无疑是那颗最为璀璨的明珠。它不仅仅是一片物理空间,更是景区整体形象的集中体现,对旅游者的旅游体验产生决定性的影响。

光环印象区之所以具有如此重要的地位,是因为它具备了一种特殊的能力——形象全息效应。这种效应使得旅游者对光环印象区的感知和评价,会直接影响到他们对整个旅游景区的看法和印象。因此,光环印象区的形象设计必须精益求精,力求完美。

在景观效果设计方面,光环印象区的设计要注重细节的完美和精致。无论是建筑风格、景观布局还是色彩搭配,都要经过精心策划和打磨,力求呈现出一种独特而和谐的美感。同时,绿化也是光环印象区不可或缺的一部分。通过巧妙的植物配置和绿化设计,营造出一种清新、宜人的环境氛围,让旅游者在欣赏美景的同时,也能感受到大自然的魅力。光环印象区的设计还应注重创意和时尚元素的融入,设计者要利用现代的设计理念和技术手段,打造出具有独特魅力和时代感的旅游空间。这种创意和时尚的结合,不仅可以提升光环印象区的吸引力,也能为整个旅游景区注入别样的活力。

当然，光环印象区的形象设计并不仅仅停留在物质层面。人性化的周到服务也是必需的一部分。在光环印象区，旅游者可以享受到贴心、周到的服务，感受到景区对游客的关心和尊重。人性化的服务能够提升旅游者的满意度和忠诚度，进而为景区赢得良好的口碑和声誉。因此，旅游景区设计者必须高度重视光环印象区的形象设计，不断提升其品质和水准，为旅游者提供更加优质、更加难忘的旅游体验。

（四）地标区

旅游景区的地标区包含旅游景区的标志性形象特征，具有无可替代的唯一性。在形象设计的层面，地标区与第一印象区占据着同样举足轻重的地位，它们共同构成了旅游景区独特的视觉符号和文化印记。

地标区，顾名思义，是旅游景区中标志性的景观所在的区域。这里通常会有一个或多个浓缩和集中体现旅游景区主题的标志性景观，它们或险峻，或高大，或精美，以其独特的形态和气质吸引着游客的目光。这些标志性景观是旅游景区的亮点，因此是游客拍照留念的绝佳选择。然而，地标区的魅力并不仅仅在于其外在的视觉效果。在形象设计中，地标区更强调文化的积淀和心灵的震撼。通过对旅游景区文化精神内核的深入挖掘，设计者以艺术化的外在表现形式，将景区的历史、传统、故事等文化元素巧妙地融入地标区，使游客在欣赏美景的同时，也能感受到深厚的文化底蕴。

地标区的设计还注重对旅游者心灵的震撼。通过精心设计的空间布局、景观组合和光影效果，地标区营造出一种独特的氛围和意境，使游客在游览过程中能够产生强烈的情感共鸣和心灵触动。这种心灵的震撼不仅让游客对旅游景区记忆深刻，更能够激发他们的情感共鸣和文化认同。

在旅游景区核心地段形象链中，地标区是非常重要的一环。它既是旅游景区形象的代表，也是游客心中的记忆点。一个成功的地标区设计，不仅能够提升旅游景区的知名度和美誉度，还能够提升游客的满意度和忠诚度，为景区的可持续发展奠定坚实的基础。为了打造具有独特魅力的地标区，旅游景区设计者需要深入挖掘自身的文化资源和景观特色，结合游客的需求和审美趋势，进行创意性的设计和规划。同时，还需要注重地标区与周边环境的协调性和整体性，确保整个旅游景区能够形成和谐统一的视觉效果。此外，地标区的建设还需要注重可持续性和环保性，应尽可能采用环保材料和节能技术，减少对环境的负面影响。同时，还应加强对地标区的维护和保养，确保其能够长期保持良好的形象和品质。

第四章　旅游景区空间布局设计与开发

第一节　旅游景区空间布局

一、景区空间布局的内涵

景区空间布局是通过对土地及其负载的旅游资源、旅游设施进行分区划片，对各区进行背景分析，确定次一级旅游区域的名称、发展主题、形象定位、旅游功能、突破方向、规划设计以及项目选址，从而将旅游六要素落实到合适的区域，并将空间部署形态进行可视化表达。

景区空间布局对后续景观设计、旅游线路设计都会产生深远影响。良好的空间布局能够最大限度且合理地利用旅游资源，更好地为旅游活动服务，促进景区实现深度开发和可持续发展。从内涵来看，景区空间布局又可以分为资源分区布局和功能分区布局等层面。

（一）资源分区布局

旅游资源分区是根据旅游资源的区域差异，把景区划分为不同的旅游资源区，资源分区要兼顾行政区域划分原则、区内旅游资源组合相对一致与区际差异明显原则、多级划分原则。

在旅游规划中,旅游资源分区是景区功能分区的前提和重要依据,但两者在地域空间上并不总是完全吻合的,资源划分的最终目标是实现景区功能布局的优化。

(二)功能分区布局

旅游功能分区和资源分区都是在同一景区空间内进行的,但两者的划分依据不相同。旅游景区功能布局,就是依托一定的空间区域,根据景区自身资源情况和布局,打造不同拥有属性与功能的区域结构,每个区域结构都有自己的个性与主题。例如,根据不同的资源特点,可以将一座海岛划分为海上活动区、滨海活动区、海滩活动区、陆地活动区等,而从功能上划分可能有游览区、休闲区、运动区、养殖区、接待区、商业区等。

当前许多旅游景区本身具有比较优良的资源,但由于没有做好明确的功能分区与规划,景区的资源主题不够突出,资源杂乱分布,导致游客游览过后没有留下深刻的印象,也使得旅游景区形象感知不强,影响了景区游客的重游率。所以,旅游景区功能分区的设计与设置,要以游客需求为导向,以服务游客为核心,以保证游客安全为准绳,以游客满意为目标,不断整合各行业服务和技术资源,为游客提供更加方便、贴心、人性化的旅游服务。景区要通过合理的功能分区设置,充分展示主题文化,提升体验感和美誉度。

(三)旅游景区常见功能分区布局及设置

1. 集散功能区域

集散功能区域通常位于景区大门附近,是游客进入和离开景区的必经之地，也是游客在游览过程中的短暂休息地。集散功能区域的基本功能是蓄客，因此在此区域要为游客提供必要的服务和设施，确保他们能够顺利、舒适地开始或结束旅程。

集散功能区域作为景区的交通枢纽，其布局和设置需要充分考虑游客的出行需求和游览体验。首先，该区域应设有明显的导览标识，为游客提供清晰、准确的指引，帮助他们快速找到景点、卫生间、商店、餐厅等关键场所。这些标识不仅要有明确的文字说明，还应融合图形、色彩等元素，以增强其辨识度和可读性。此外，集散功能区域还应设置充足的停车位，以满足自驾游游客的停车需求。停车场应合理布局，方便游客快速进出，同时应考虑安全、环保等因素，确保游客的停车体验既便捷又舒适。

商店和餐厅是集散功能区域不可或缺的部分。商店应提供丰富的旅游纪念品和特色商品，满足游客的购物需求。餐厅则应提供多样化的餐饮选择，包括当地特色美食和快餐等，确保游客在游览过程中能够随时补充能量。

在卫生设施方面，集散功能区域应设置充足的卫生间，并保持清洁卫生。卫生间应合理分布，方便游客使用。此外，还应考虑设置无障碍卫生间，以满足特殊游客的需求。除了以上基本设施外，集散功能区域还可以根据景区的特色和游客的需求进行个性化设置。例如，可以设置游客休息区，提供舒适的座椅和遮阳设施，让游客在游览间隙得以休息；还可以设置儿童游乐区，为有儿童的家庭提供亲子互动的空间。

2. 咨询功能区域

咨询功能区域通常被形象地称为游客中心，它是专为游客提供全方位旅游服务和信息支持的核心场所。游客中心不仅是旅游公共服务设施的重要组成部分，更是提升游客体验、优化景区品牌形象的关键环节。

咨询功能区域的首要任务是为游客提供准确、及时的信息。无论是关于景区的历史文化、自然风光，还是关于游览路线、交通情况，游客中心都要给予游客详尽的解答和指引。在这里，游客可以通过咨询台、信息展板、电子触摸屏等多种方式，轻松获取所需信息，为接下来的旅程做好充分的准备。除了信息咨询，游客中心还承担着游程安排的重要职责。专业的导游或工作人员会根据游客的兴趣、时间和需求，为其量身定制个性化的游览方案。这些方案不仅考虑了景点的分布和特色，还融入了当地的文化和风俗，让游客在有限的时间内能够充分领略景区的魅力。

此外，游客中心还提供了讲解服务。专业的讲解员会带领游客深入了解景区的历史背景、文化内涵和自然景观。他们生动的语言和丰富的知识，让游客在游览过程中不仅能够欣赏到美景，还能感受到深厚的文化底蕴。当然，游客中心也是游客休息和补给的重要场所。在这里，游客可以找到舒适的休息区，品尝当地特色美食，购买纪念品和特色商品。同时，游客中心还配备了完善的卫生设施，确保游客在游览过程中能够保持舒适和愉悦的心情。在布局和设置上，咨询功能区域通常位于景区的入口或核心区域，方便游客进出和获取信息。同时，游客中心的建筑风格和设计要与整个景区相协调，营造出和谐统一的视觉效果。

3. 售票检票功能区域

售票检票功能区域作为游客进入景区的首个地点，不仅承担着为游客提供售票服务的重要任务，还是疏导游客、维护景区秩序的关键节点。

售票功能是售票检票功能区域的核心。为了满足不同游客的购票需求，售票处通常设有多个售票窗口，并配备专业的售票人员。售票人员不仅需要熟悉各类票务信息，还要具备熟练的售票技能，以确保游客能够快速、顺利地购票。同时，售票处还应提供多种购票方式，如线上购票、自助售票机购票等，以满足不同游客的购票需求。与售票功能相辅相成的是检票功能。检票处通常位于景区入口，设有专门的检票通道和排队区域。为了引导游客有序排队，检票处通常会设置明显的标识和指引，引导游客按照规定的路线排队等候。此外，检票处还要配备专业的检票人员，负责核对游客的票务信息，确保每位游客都持有有效的门票。

为了提高检票入园效率，检票处还应采用一系列技术手段。例如，使用电子检票系统，通过扫描游客的门票二维码或身份证等，实现快速、准确的检票操作。同时，检票处还可根据游客流量和景区承载能力，对游客进行专项分流，避免游客拥堵和等待时间过长。

除了基本的售票和检票功能外，售票检票功能区域还承担着为游客提供提示、提醒和咨询等服务的职责。例如，在游客购票时，售票人员要主动告知游客景区的开放时间、游玩路线、注意事项等信息；在游客排队等候检票时，检票人员要提醒游客保持秩序、遵守景区规定；对于游客的咨询和疑问，售票检票人员要耐心解答，为游客提供周到的服务。在售票检票功能区域的布局和设置上，旅游景区通常会根据景区的实际情况和游客需求进行个性化设计。例如，大型旅游景区可能会设置多个售票点和检票通道，以满足大量游客的购票和检票需求；一些特色景区可能会在售票处设置展示区，展示景区的特色文化和旅游产品，吸引游客关注和购买。

4.游览体验功能区域

游览体验功能区域集中了景区的核心吸引物，为游客提供丰富多样的参观、游览及体验的机会。这一区域的布局和设置，不仅关乎游客的游览体验，更直接影响着景区的整体形象和吸引力。

游览体验功能区域通常根据景区的特色和规划，被细分为多个不同的功能区。这些功能区各具特色，既有自然风光的展示，也有文化历史的呈现，还提供互动体验活动。游客可以根据自己的兴趣和需求，在这些功能区中自由选择，深入体验景区的魅力。在自然风光展示区，游客可以欣赏到景区独特的山水美景。这里可能有奇峰耸立、瀑布飞泻，也可能有碧波荡漾、绿树成荫，游客可以在这里感受大自然的神奇与美丽，拍摄下难忘的风景照片。文化历史呈现区则让游客有机会深入了解景区背后的故事。这里可能有古老的建筑、遗址或博物馆，展示着景区悠久的历史和丰富的文化内涵。游客可以通过参观展览、听讲解或参与文化活动，感受景区深厚的文化底蕴。互动体验区则是让游客亲身感受景区特色的重要场所。这里可能有各种娱乐设施、表演节目或手工艺制作活动，让游客在参与中感受到乐趣和成就感。这些互动体验活动不仅丰富了游客的行程，也增加了景区的趣味性和吸引力。

在游览体验功能区域的布局上，景区通常会考虑到游客的游览路线和体验感受。通过合理的空间布局和交通规划，确保游客能够顺畅地游览各个功能区，同时避免拥堵和混乱。此外，景区还会在关键节点设置导览标识和休息设施，方便游客获取信息和休息补给。除了硬件设施的布局和设置外，游览体验功能区域还要注重软性服务的提供。景区应配备专业的导游和工作人员，为游客提供热情周到的服务。他们不仅要为游客解答问题、提供帮助，还要根据游客的需求和兴趣，为其推荐合适的游览线路和活动项目。

5.导览及其他辅助功能区域

导览设施：景区导览图或标识作为游客游览过程中的重要参考，其设置应充分考虑游客的实际需求。导览图或标识可以固定设置在显眼的位置，如景区入口、关键节点等，也可以设计成移动式的，方便游客随时查看。同时，导览图或标识的设计应与周围景观相协调，既具有实用性又具备美观性。在内容方面，导览图或标识应包含丰富的信息，如景区布局、景点介绍、游览路线等，以满足游客的多样化需求。此外，为了应对景区内的临时情况，导览设施还应包括入园通知、景区当日景点开放情况、安全提示、注意事项等内容，确保游客能够及时获取最新信息。

遮阳避雨设施：在户外游览过程中，游客难免会遭受烈日或雨水带来的困扰。因此，景区应设置足够的遮阳避雨设施，如亭子、回廊等，为游客提供休息和避雨的地方。这些设施不仅具有实用性，还能与景区景观相融合，增添一份雅致和韵味。同时，为了确保游客在夜间也能安全地使用这些设施，还应配备相应的照明设备。此外，为了提升游客的舒适度，有条件的景区还可在遮阳避雨设施中安装风扇、空调等设备，让游客在炎炎夏日中感受到一丝清凉。

路面：景区的路面应设计合理，坡道角度恰当，以确保游客能够轻松行走。同时，路面材质的选择也应考虑防滑、耐磨等因素，确保游客的安全。此外，为了避免雨水积聚影响游客行走，景区还应合理设置排水设施。

景区背景音乐：舒缓悠扬的背景音乐不仅能够为游客营造出轻松愉悦的游览氛围，还能在一定程度上缓解游客的疲劳感。景区可以根据不同的景点和意境选择合适的背景音乐，让游客在游览过程中获得不同的情感体验。

二、景区空间布局的原则

（一）突出主题，彰显形象

在旅游功能分区的规划中，首要且核心的原则便是突出主题，彰显形象。每一个功能分区、旅游产品和旅游项目的设计与开发，都应以景区的旅游主题形象定位为核心，确保整个景区在空间布局、功能设置、景观呈现等方面都体现出高度的统一性和协调性。

明确旅游主题形象定位是景区空间布局的前提。主题定位是对景区资源特色、文化内涵、市场需求等多方面因素的综合考量与提炼，是景区发展的灵魂和方向。因此，在规划过程中，必须深入研究和挖掘景区的核心价值和特色，确定清晰、独特的主题形象，为后续的功能分区和产品设计提供明确的指导。

在划分功能分区时，应充分考虑景区主题形象的需求，确保每个分区都能体现出主题特色的某一方面，共同构建出一个完整、丰富的景区形象。此外，旅游产品和旅游项目的设计与开发也是彰显景区主题形象的重要手段。这些产品和项目应紧密结合景区主题，创新性地挖掘和呈现景区的独特魅力。通过设计富有创意和吸引力的旅游活动，让游客在参与和体验中深刻感受到景区的主题特色，从而加深对景区形象的认知和记忆。

（二）分区协同，各具特色

分区协同，各具特色既是对景区内部功能合理划分的要求，也是对景区整体形象与特色的强调。

分区协同是景区空间布局的基础。为了达到景区服务的整体目标，设计者需要根据各类旅游活动的特点和条件要求，对景区进行科学合理的功能分区。这些分区不仅要有明确的功能定位，还要配备适当的设施，安排适宜的活动，并提供相应的服务。在实践中，分区协同意味着需要对景区的自然和人文资源进行深入的调研和分析，了解各区域的特点和优势，然后根据这些特点进行功能划分。例如，对于自然景观优美的区域，可以设置观光游览区；对于历史文化底蕴深厚的区域，可以设置文化体验区。同时，还需要考虑各分区之间的交通联系和游客流线，确保游客能够便捷地从一个区域转移到另一个区域，享受不同的旅游体验。

各具特色是景区空间布局的核心。旅游景区的整体形象最终要体现在各分区的主题展示上，而分区特色的塑造则是实现这一目标的关键。设计者需要充分挖掘和利用景区的自然和人文资源，通过自然景观、建筑、特色活动等一系列元素来突出各区特色。在实践中，可以通过多种方式展现分区的特色。例如，在自然景观，可以利用地形地貌、植被覆盖等自然元素，打造独特的景观效果；在建筑方面，可以结合当地的历史文化和民族特色，设计出具有地方特色的建筑群落；在特色活动方面，可以结合当地的民俗风情和旅游资源，推出具有吸引力的文化活动和旅游项目。

（三）均衡布局，节点集中

均衡布局与节点集中能够确保各类设施的功能性与效率性，同时也有助于维护景区的整体形象和实施经营管理。

均衡布局，意味着在景区内部各类设施的分布要达到一个平衡状态。不同类型的设施，如接待设施、观光游览设施、休闲疗养设施以及公共服务设施等，都需要在规划中得到充分的重视。这些设施不仅仅是满足游客基本需求的硬件条件，更是展现景区特色与风貌的重要载体。因此，它们的布局不能随意散乱，而应按照一定的逻辑和规则进行排列组合。

在均衡布局的基础上，还需要注重节点集中。这里的"节点"指的是景区内的关键点和重要区域，如入口、核心景点、交通枢纽等。在这些节点处，各类设施应相对集中布局，以发挥强大的服务功能。这样不仅可以提高设施的使用效率，还可以改善游客的游览体验。当然，均衡布局与节点集中并不是孤立的两个原则，它们需要相互协调、相互配合。在实际规划中，设计者可以遵循"大分散、小集中"的原则，将各分区功能及主要项目相对分散布局，以避免出现空间布局过于集中导致的旅游活动超载现象。同时，在各功能区域范围内，旅游设施配套则相对集中，以确保游客能够方便快捷地享受到各项服务。

这种均衡布局、节点集中的空间布局方式，对于景区的经营管理也具有重要意义。它可以使各类设施的功能得到充分发挥，提高景区的管理效率和服务水平。同时，合理的空间布局，还可以促进景区主题形象的形成，增强游客对景区的认知度和归属感。在具体实践中，需要根据景区的实际情况和规划目标，灵活运用这两个原则。对于不同类型的设施，需要根据其功能和特点进行有针对性的布局规划。例如，接待设施可以设置在景区入口或交通枢纽附近，以便游客能够快速入住和离开；观光游览设施则应分布在核心景点周围，以引导游客深入体验景区魅力；休闲疗养设施则可以依托优美的自然环境进行布局，为游客提供舒适放松的休闲空间。

（四）交通合理，动静相宜

合理的交通布局不仅能够确保游客在景区内顺畅流动，还能提升游客的整体体验，使他们在享受旅游度假生活的同时，感受到景区独特的魅力。因此，交通合理、动静相宜也是景区空间布局的关键原则。

景区内的交通线起到连接各功能区的关键作用，设计时需要充分考虑游客的旅游需求和心理特性。设计者应根据各旅游功能单元的空间布局，合理规划旅游区内的交通路线，确保游客能够按照既定的旅游活动计划，自主、自由、方便地游览各个景点和项目。在规划过程中，还应注重步行、骑行、公共交通等多种交通方式的合理搭配，以满足不同游客的出行需求。为了落实交通合理原则，还需要关注交通设施的建设和完善。例如，设置清晰的交通标识和指示牌，方便游客快速找到目的地；优化停车场的布局和管理，确保游客能够便捷地停放车辆；提供舒适的候车区和休息设施，让游客在等待交通工具时也能感受到温馨与便利。

在景区中，既有需要游客静心欣赏的自然风光和人文景观，也有充满活力和乐趣的旅游项目。因此，在规划交通时，应注重营造一种动静结合的氛围，使游客在游览过程中既能感受到宁静与美好，又能体验到激情与活力。为了实现动静相宜，可以采取一系列措施。例如，在自然景观区域设置步行道或骑行道，让游客在漫步或骑行中欣赏美丽的风景；在人文景观区域设置休息区或观景台，让游客在静谧的环境中品味历史文化的韵味；在旅游项目区域设置游乐设施或表演场地，让游客在参与和观赏中感受到欢乐与刺激。

此外，景区还应注重交通规划与景区整体形象的协调。交通线路的设计应与景区的自然风貌和人文特色相契合，避免对景区环境造成破坏。同时，还应通过合理的交通规划，将景区的各个景点和项目有机串联起来，形成一个完整的旅游线路，使游客能够充分领略到景区的魅力。

（五）保护环境，持续发展

在探讨景区空间布局的原则时，保护环境与持续发展无疑是最为重要且不容忽视的两个方面。这两者紧密相连，互为支撑，共同构成了景区可持续发展的基石。

景区作为自然与人文资源的聚集地，其独特的生态环境和景观特色是吸引游客的重要因素。因此，在规划景区空间布局时，设计者必须将环境保护置于首位，确保各类旅游活动不会对环境造成破坏。具体而言，需要遵循生态优先的原则，合理划定生态保护红线，严禁在红线区域内进行任何形式的开发活动。同时，应该加强对景区内植被、水体等自然资源的保护，防止因过度开发而导致资源枯竭或生态环境恶化。

景区的生命力在于其可持续性，只有实现了持续发展，才能确保景区能够长期为游客提供优质的旅游体验。为了实现这一目标，景区需要在规划空间布局时充分考虑景区的长远利益，避免短视行为和急功近利的做法。具体而言，需要科学测算景区的环境容量，合理控制游客数量，确保旅游活动强度在环境承载力之内。

在保护环境与实现持续发展的过程中，景区空间布局发挥着至关重要的作用。合理的空间布局能够最大限度地减少资源开发对环境的破坏，同时也有助于提升景区的吸引力和竞争力。因此，在规划景区空间布局时，需要注重以下几个方面：

第一，要坚持生态优先的原则，确保各类设施的建设与自然环境相协调。例如，在选址时应避开生态敏感区，减少对生态环境的干扰；在建筑设计上应采用环保材料和节能技术，降低能耗和排放。

第二，要注重空间利用的合理性和高效性。通过科学划分功能区域、优化交通流线等措施，提高土地利用率和空间使用效率。这不仅有助于节约资源、降低成本，还能够为游客提供更加便捷、舒适的旅游体验。

第三，要加强环境保护和监管力度。建立健全的环境保护制度和管理机制，加强对景区内各类活动的监管和管理，确保各项环保措施得到有效执行。同时，应积极开展环保宣传教育活动，提高游客和当地居民的环保意识，共同维护景区的生态环境。

三、景区空间布局的影响因素

（一）资源基础

资源基础是景区空间布局的影响因素之中非常重要的一点。景区的旅游资源品位、丰度、集聚度，直接关系到景区的吸引力和发展潜力，进而对空间布局产生深远影响。

高品位的旅游资源往往具有独特的魅力和价值，能够吸引大量游客前来观光游览。因此，在景区空间布局过程中，设计者需要充分考虑高品位资源的分布，将其置于核心位置，以最大化其吸引力和影响力。

丰度指的是景区内旅游资源的数量和种类。当景区内资源类型丰富、数量众多时，空间布局就需要更加灵活和多样化，以满足不同游客的需求和偏好。例如，一个集自然风光、人文景观、娱乐设施于一体的综合性景区，就需要在空间布局上充分考虑各种资源的组合和搭配，以帮助游客获得多样化的旅游体验。

此外，旅游资源的集聚度也对空间布局产生重要影响。在集聚度高的景区，资源在空间上相对集中，有利于形成规模效应和集聚效应，提升景区的整体竞争力。在这种情况下，空间布局应更加注重资源的整合和优化，形成特色鲜明的旅游区域，以吸引更多游客。

在景区规划过程中，要对当地旅游资源进行深入的调查和分析，这包括对资源类型、数量、分布状况的详细调查，以及对资源价值、特色、潜力的深入分析。只有充分了解和分析旅游资源的基础情况，才能制定出科学合理的空间布局方案，确保景区的可持续发展和长期繁荣。

值得一提的是，不同资源类型对景区布局的要求也是不同的。例如，温泉是一种特殊的资源类型，其布局需要充分考虑温泉的特性和游客的需求。高端客户相关接待设施应安排在离温泉距离较近的地段，以便游客能够方便地享受温泉服务。同时，还需要注意温泉资源的保护和可持续利用，避免过度开发。

（二）客源市场需求

在构建旅游景区空间布局的过程中，需要深入了解并分析客源市场的特点、需求和发展趋势，从而制定出符合市场规律的景区空间布局方案。

要了解客源市场的收入状况。游客的消费水平直接决定了他们对旅游产品和服务的选择。高收入游客群体更倾向于选择高品质、高附加值的旅游产品，如豪华酒店、高端餐饮和特色体验项目。因此，拥有高收入客源市场的景区应充分考虑高端服务设施的配备，以满足这部分游客的需求。而低收入游客群体更注重性价比，因此客源市场整体收入偏低的景区应提供更多经济实惠的旅游产品和服务。消费习性也是影响景区空间布局的关键因素。不同年龄、性别、文化背景和职业的游客，其消费习性存在显著差异。例如，老年游客通常喜欢安静、舒适的旅游环境，注重养生和休闲；而年轻游客则更倾向于寻求刺激和冒险，追求新颖和独特的旅游体验。因此，在景区空间布局中，应根据目标游客群体的消费习性，合理设置各类旅游项目和服务设施，以满足不同游客的需求。

区域经济状况也是影响景区空间布局的重要因素。不同地区的经济发展水平、产业结构和消费水平都存在差异，这直接影响了当地旅游市场的规模和潜力。在经济发达的地区，旅游市场更加活跃，游客数量多，消费水平都相对较高，因此景区的空间布局可以更加多样化和高端化。而在经济欠发达的地区，旅游市场相对较小，景区空间布局应更加注重实用性和经济性。

（三）社区及居民因素

景区作为旅游活动的核心区域，其发展与当地居民的生活紧密相连。因此，在规划景区空间布局时，必须充分考虑社区及居民的利益和需求，确保旅游发展与社区发展相协调，实现共赢。

景区当地居民对旅游区的发展具有重要影响。他们是景区的重要组成部分，也是旅游活动的直接参与者和服务提供者。因此，在设计空间布局时，必须充分考虑当地居民的利益和需求，尊重他们的生活习惯和文化传统，避免对他们的正常生活造成负面影响。例如,在布局旅游设施时,应尽量将带来噪声、污染等负面影响的设施布局在远离居民区的位置。同时,还应积极听取当地居民的意见和建议,让他们在旅游发展中获得实实在在的利益,提高他们的获得感和幸福感。可以将游憩区域布置在尽量靠近居民社区的地方。游憩区域是游客休闲、娱乐的主要场所,也是景区吸引力的重要体现。将游憩区域布局在靠近居民社区的位置,既方便当地居民参与旅游活动,满足他们的休闲需求,也为当地社区经济发展提供了正向助力。发展旅游业,可以带动相关周边产业的发展,为当地居民提供更多的就业机会和创业机会,促进当地经济的繁荣和发展。

景区空间布局还需要考虑到与周边社区的互动和联系。景区不是孤立存在的,而是与周边社区相互依存、相互影响的。因此,在规划景区空间布局时,应加强与周边社区的沟通和合作,共同推动旅游业的发展。通过共享资源、互利共赢的方式,实现景区与周边社区的共同发展,构建和谐的旅游生态环境。在实际操作中,为了更全面地考虑社区及居民因素,景区可以采取一系列具体措施。例如,建立居民参与机制,让当地居民参与到景区规划、建设和管理的过程中来,充分听取他们的意见和建议;优化交通布局,减少旅游活动对居民出行的干扰;完善公共设施,提高居民的生活质量;加强宣传教育,提高居民对旅游发展的认识和支持度等。

(四)其他因素

在景区空间布局的过程中,除了客源市场需求、自然和文化资源等核心因素外,还存在诸多其他因素需要综合考虑。这些因素可能看似细微,但在实际操作中可能对布局方案产生深远影响。

景区的可进入性是一个不容忽视的因素。可进入性主要涉及游客进入景区的交通便利程度，包括道路状况、交通设施以及公共交通线路等。在布局时，景区需要充分考虑自身与周边地区的交通联系，确保游客能够方便快捷地进入景区。旅游线路设计的合理性也是影响景区空间布局的重要因素。旅游线路是游客在景区内游览的主要路径，其合理程度直接影响游客的游览体验。因此，在布局时，需要根据景区的地形地貌、景点分布以及游客的游览习惯等因素，合理规划旅游线路，确保游客能够顺畅、舒适地完成游览。

第二节 旅游景区空间布局方法及模式选择

一、常见的景区空间布局模式

不同的资源和空间特色必然导致景区空间布局的差异化，目前来看，我国景区常见的空间布局主要有以下几类：

（一）链式布局模式

在众多的景区空间布局模式中，链式布局是一种常见且重要的模式。它主要适用于那些旅游资源和服务设施主要沿着交通线分布的景区，这些交通线既可以是公路，也可以是水路，有时交通线本身也是游览的主要内容。这种布局模式在小型山岳类景区中尤为常见，其特点鲜明，对景区整体空间布局产生深远影响。

链式布局模式的核心在于对交通线的设置和利用。交通线是景区内各个景点、服务设施之间的纽带，其走向和布局直接影响景区整体的空间结构。在链式布局中，交通线往往贯穿整个景区，将各个景点串联起来，形成一个完整的游览链条。这种布局方式使得游客在游览过程中能够沿着交通线逐步深入，逐一欣赏沿途的风景，增强了游览的连贯性和趣味性。链式布局模式有利于充分展示景区的特色和资源。在小型山岳类景区中，由于受到地形地貌的限制，景点往往较为分散，难以形成集中的游览区域，而链式布局模式则能够巧妙地利用交通线将各个景点串联起来，使得游客在游览过程中能够充分感受到景区的整体风貌和特色。同时，由于交通线本身也是游览的主要内容之一，因此在规划布局时需要充分考虑交通线的景观效果，使其与周边环境相协调，形成独特的景观效果。

链式布局模式还有助于提升景区的服务质量和游客体验。在链式布局中，服务设施往往沿着交通线分布，方便游客在游览过程中随时获取所需的服务。同时，由于交通线的连贯性和便捷性，游客能够更加轻松地前往各个景点，减少了迷路或找不到景点带来的不便和困扰。这种布局方式使得游客能够更加专注于欣赏风景和体验文化，提高了游览的满意度和舒适度。

以山东栖霞天崮山景区为例。该景区就采用了典型的链式布局模式。从山下到山上基本由一条主线路贯穿，景色分布在景区道路两侧，形成一条整体景观链条。游客在游览过程中，可以沿着主线路逐步深入，逐一欣赏沿途的风景，感受山岳的壮丽和神秘。同时，景区内的服务设施也沿着主线路分布，为游客提供了便捷的服务支持。这种布局方式使得天崮山景区成为一个集观光、休闲、娱乐为一体的综合性旅游景区，吸引了大量游客。

（二）环单核模式

环单核模式的核心思想在于以某一主题功能为基点，围绕其布局相关功能区域。这种模式的应用与考量因素多种多样，涵盖了资源分布、服务设施配置、游客体验等多个方面。

环单核模式在资源分布不均的景区中尤为常见。在这种景区中，往往存在一个或多个核心景点，这些核心景点集聚了大量高品位的旅游资源，如自然风光、历史文化遗迹等。这些核心景点通常也是景区的主要吸引点，能够吸引大量的游客。而环绕在这些核心景点周围的，则是其他旅游资源，它们虽然可能不如核心景点那么突出，但同样具有一定的吸引力和价值。这种布局方式，使得游客在游览核心景点的同时，也能顺便游览周边景点，丰富了游览内容，提升了游客的满意度。

在环单核模式中，基础设施和服务设施也需要精心布局。在资源集聚型的环单核模式布局中，主要的基础设施和服务设施往往集中在核心景区附近，以便为游客提供便捷的服务。这些设施包括停车场、游客中心、餐饮住宿设施等，它们的合理配置能够确保游客在游览过程中的基本需求得到满足。而对于服务集聚型的环单核模式，基础设施和服务设施则主要集中于某一中心点，如社区中心或主题公园的服务区。这种布局方式有利于实现资源共享，提高服务效率，同时也为游客提供了一个集中的休闲和娱乐空间。

此外，环单核模式也能够有效提升游客的体验。通过合理的功能区域划分和布局，环单核模式能够使游客在游览过程中获得一种流畅、自然的体验。游客可以从核心景区出发，沿着设定的游览线路，逐一参观各个景点和功能区域，欣赏不同的景观。这种布局方式不仅有助于提升游客的游览兴趣，还能够促进游客对景区的整体认知和评价的提升。

然而，环单核模式的应用也需要注意一些问题。首先，要确保核心景区与周边景区的协调发展，避免出现核心景区过于拥挤而周边景区冷清的情况。其次，要充分考虑游客的游览需求和体验，合理规划游览线路和交通设施，确保游客能够方便、快捷地到达各个景点和功能区域。最后，还要注重环境保护和可持续发展，避免过度开发和破坏景区生态环境。

（三）双核布局模式

双核布局模式作为一种经典的景区规划理念，在景区空间布局领域中发挥着举足轻重的作用。该模式并非指景区内存在两个同等重要的核心景观，而是强调游览功能与接待服务功能分别集中在两个独立的服务单元社区中，并通过合理的交通方式实现有效连接。这种布局模式对景区空间布局具有深远影响，主要体现在以下几个方面：

1. 双核布局模式有助于实现景区功能的合理分区

在双核布局中，游览功能区和接待服务区被明确划分，使得景区内的各项活动能够有序进行。游览功能区主要集中展示景区的自然风貌、人文景观等旅游资源，为游客提供丰富的视觉和感官体验；而接待服务区则负责提供游客所需的各类服务，如餐饮、住宿、购物等，确保游客在游览过程中能够享受到便捷、舒适的服务。这种功能分区不仅提高了景区的管理效率，也优化了游客的游览体验。

2. 双核布局模式有助于优化景区交通组织

在双核布局中，两个服务单元之间通过合理的交通方式相连，如公路、步行道等，使得游客能够轻松地在游览功能区和接待服务区之间往返。这种交通组织方式保证了游客的出行便利，避免了因交通拥堵而影响游览体验的情况。同时，通过合理的交通规划，还可以实现景区内部的交通循环，减少游客在景区内的行走距离和时间，提高游览效率。

3. 双核布局模式有助于提升景区的整体形象和竞争力

将游览功能区和接待服务区分别设置在两个独立的服务单元社区中，可以使得这两个区域在风格、特色上形成互补，共同构成景区的整体形象。

这种布局方式既能够突出景区的主题特色，又能够提升景区的整体品质，使得景区在激烈的市场竞争中脱颖而出。同时，双核布局模式还能够促进景区内部的资源共享和互利共赢，推动景区实现可持续发展。

双核布局模式的具体实施还需要考虑景区的实际情况。不同景区在资源禀赋、地形地貌、文化背景等方面存在差异，因此在应用双核布局模式时需要根据具体情况进行调整和优化。例如，在资源丰富的景区中，可以进一步细分游览功能区，设置多个景观节点，以丰富游客的游览体验；在地形复杂的景区中，则需要合理规划交通线路，确保游客能够安全、便捷地到达目的地。

（四）圈层布局模式

圈层布局模式的核心思想在于通过合理划分景区空间，实现自然环境保护与旅游开发的和谐同步。该模式将景区从内到外分为核心保护区、缓冲区和开放区，每个区域都具有不同的功能和任务，共同构成了一个完整的生态系统。

核心保护区是圈层布局模式中的重中之重。这一区域通常包含景区内最为珍贵、独特的自然资源，如珍稀动植物、独特的地理景观等。为了防止这些不可再生的自然遗产被破坏，核心保护区需要得到严密的保护，应限制甚至禁止游客进入。这种严格的保护措施确保了自然环境的原始性和完整性，为子孙后代保留了宝贵的自然资源。缓冲区在圈层布局模式中扮演着承上启下的角色。这一区域位于核心保护区与开放区之间，是游客与自然环境之间的过渡地带。在规划缓冲区时，可以配置一些野营、划船、越野、观景点等服务设施，以满足游客的基本娱乐和休闲需求。同时，缓冲区也承担着一定的生态保护功能，通过合理的土地利用措施和植被恢复措施，减少游客活动对核心保护区的潜在影响。

最外层是开放区，也是游客接触最多的区域。在这一区域，各种服务设施一应俱全，如饭店、餐厅、商店或高密度的娱乐设施等，为游客提供了丰富的旅游体验。开放区的设置不仅满足了游客的基本旅游和生活需求，也为当地经济发展带来了可观的收益。然而，值得注意的是，在开放区的规划和管理中，仍需要充分考虑与自然环境的和谐关系，避免过度开发对生态环境造成破坏。

圈层布局模式的优点在于其能够较好地对景区自然环境提供保护。通过严格限制游客在各区域的活动范围和行为方式，该模式有效地减少了人类活动对自然环境的干扰和破坏。同时，该模式也得到了世界自然保护联盟的认可，开始在自然保护界推行，为全球范围内的景区规划和保护提供了有益的借鉴和参考。然而，各景区应用圈层布局模式需要注意以下问题：首先，在划分区域时，需要充分考虑自然资源的分布和特点，确保每个区域的功能定位与实际情况相符合。其次，在缓冲区和开放区的规划和建设中，需要注重与核心保护区的衔接和过渡，避免出现明显的断裂和冲突。最后，还需要加强对游客的教育和管理，提高他们的环保意识和文明素质，确保圈层布局模式的顺利实施和长期效果。

（五）点轴规划布局模式

点轴规划布局模式源于我国著名经济地理学家陆大道于1984年提出的点轴理论，这一理论在促进地区经济发展中发挥了重要作用，并逐渐形成了一个完整、系统的理论体系。如今，点轴理论不仅在经济学中占据重要地位，而且在景区规划中也得到了广泛应用，成为影响景区空间布局的关键因素之一。

在点轴理论中，"点"主要指的是各级居民点和中心城市，这些点具有集聚功能，能够吸引和汇聚各种资源。而在景区规划中，"点"则代表那些集聚功能较强的核心区域，这些区域往往拥有丰富的旅游资源、完善的旅游设施以及较强的旅游吸引力。这些核心区域不仅为游客提供了丰富的旅游体验，也为当地经济发展注入了强劲动力。而"轴"在点轴理论中，指的是由交通、通信干线和能源、水源通道连接起来的基础设施束。这些轴线不仅连接了各个点，还形成了经济发展的重要通道。在景区规划中，"轴"则表现为具有一定特色的旅游景观带，这些景观带往往沿着交通干线或自然地貌延伸，串联起多个核心区域，形成独特的旅游线路。这些轴线不仅为游客提供了便捷的交通条件，也为景区内部的资源共享和协同发展提供了可能。

点轴规划布局模式特别适合于那些空间几何形态呈线状或带状延伸的景区。这类景区往往拥有较长的旅游线路和丰富的沿线景观资源，通过使用点轴规划布局模式，可以将这些资源进行有效整合，形成特色鲜明的旅游景观带。同时，该模式还有助于优化景区内部的交通组织，提高游客的游览效率，增强景区的整体吸引力。但是，不同景区在资源类型、地形地貌、文化背景等方面存在不同之处，因此在规划过程中需要充分考虑这些不同，确定合适的"点"和"轴"。

（六）轴线对称模式

轴线对称模式以其严谨与秩序之美深受规划者和游客的喜爱。该模式以中轴线为核心，各功能区分布于轴线两侧，形成相对对称的布局。

轴线对称模式体现了对秩序和对称美的追求。中轴线的设定和对称布局使整个景区空间呈现出一种和谐、均衡的美感。这种美感不仅体现在建筑、景观等硬件设施上，还贯穿于游客的游览体验中。游客在游览的过程中，可以沿着中轴线逐步深入，感受到景区空间的层次感和深度，从而获得更为丰富的旅游体验。

轴线对称模式简化了旅游线路的设计。在景区规划中，旅游线路的设计是至关重要的一环，而轴线对称模式通过明确的轴线划分和对称布局，使得旅游线路的设计变得更为简单明了。游客只需沿着中轴线或两侧的道路前行，便可依次游览各个景点和功能区，无须过多考虑路线的选择。这种设计方式提高了游客的游览效率，降低了迷路或走错路的可能性，为游客带来了更为便捷和舒适的旅游体验。

此外，采用轴线对称模式还便于控制客流量。对客流量的控制对于景区运营来说是一项重要任务。过多的游客可能导致景区拥堵、环境破坏等问题，而过少的游客则可能导致资源浪费和经济效益下降。轴线对称模式通过合理的空间布局和道路设计，可以实现对客流量的有效控制。例如，通过设置合理的入口和出口、规划宽敞的步行道和休息区等，可以有效引导游客的流动方向和速度，从而保持景区的秩序和舒适度。

轴线对称模式更适用于历史文化资源突出的景区。这是因为历史文化景区通常具有丰富的历史文化遗产和风格独特的建筑，这些元素与轴线对称模式的严谨与秩序之美相得益彰。同时，一些陵墓、宫殿、园林类景观也常采用轴线对称模式进行布局，以体现其庄重、肃穆的氛围和深厚的文化底蕴。

二、景区空间布局的方法

当前公认的景区空间布局方法主要有定位、定性、定量法,认知绘图法,降解区划法和聚类区划法四种。

(一)定位、定性、定量法

这种方法是指将景区从整体定位、功能分区定性、分区容量及面积定量的三重角度对景区空间进行设计。

定位主要是依据景区规划背景分析结论、客源市场分析结果和旅游资源评价结果确定旅游功能区和旅游建设项目的位置。定性则是在开发前景、分区特征和分区关系层面分析,对已经定位的功能区进行相应的分类、命名、确定级别,从而明确各自的特色、主题和发展方向以及各区域间的分工合作关系。定量是指根据分区规模(位置、边界、占地面积)、开发类型等因素为景区各功能分区预测合理的环境容量,一般来说,同面积的山岳类景区容量要小于平原类景区,观光类景区容量要小于娱乐功能类景区。

(二)认知绘图法

认知绘图法以心理学理论为基础,主要是通过综合游客对旅游地域形象的感知,计算旅游位置分数,以此作为空间布局的依据。

具体步骤为:

1. 采用随机抽样方法获取样本。

2. 向被调查者提供空间布局图,要求他们在认为是旅游区中心的地方画上相应标注"√",并画出三到五个旅游区范围。

3. 计算出每个旅游区位置的得分(TLS):

TLS=（A+B+C）×（A+B）/（1+C）

式中，A代表一个区得到"√"的数量；B代表该区被划为旅游区的次数；C代表一个区部分被划入旅游区的次数。

4.汇总各区域得分，并标注在地图上，积分最高点即为旅游区中心位置，然后沿低谷处画线，得出各区边界。

（三）降解区划法

该方法是一种大尺度旅游空间区划定位方法。该方法自上而下，从大区域范围入手，将大区域分解成若干较小区域。例如，在滨海旅游度假区的功能划分中，受海水、沙滩、陆地区域、建筑设施等地貌特征因素的限制，首先需要把相应地区划分为海水区、海滩区和陆地区，然后根据功能要求进一步细分。

（四）聚类区划法

该区划法原理同降解区划法刚好相反，是一种自下而上的空间划分方法。某些景区的旅游资源处于零散化、碎片化的状态，例如山岳类景区、湖泊类景区，因此在空间布局时要从基本单元入手，按照相互配合、同类合并的原则，将适宜的景点合并为更大尺度的功能区。

三、景区路线的布局设计

（一）旅游路线的含义

景区旅游路线是在旅游地或旅游区内游客参观游览所使用的路线，是游客在景区行动的轨迹。

（二）旅游路线设计原则

1. 因地制宜原则

景区旅游路线的设计需要考虑景区当地地质地貌，根据所在地的基础条件、市场需求、经济条件合理设计旅游路线。路线的选择应该适应地形水文条件，首先保证游客安全，其次尽量不破坏主要景观功能，并且能够让游客体验优美的自然环境。例如，在悬崖上设置悬空栈道，在草场上使用步道，等等。

2. 突出主体原则

景区路线的设计最终是为了突出景观主体，引导游客前往景观开启游览活动，所以设计时尽量以"行程最短、顺序科学、景点距离适中"为原则，避免游客在途中浪费过多的时间和精力。

3. 审美设计原则

景区道路是连接景点的重要纽带，是景区整体风格的重要组成要素，所以审美功能也是道路设计的重要考虑因素。

第一，要符合景区整体风格。例如，规则式的人造景区，主要是满足构图需要，路线可以为直线，也可以是有迹可循的道路；而自然景区往往采用无轨迹可循的自由曲线。

第二，重视线型的设计技巧。一般来说直线给人以力量感，曲线代表柔美，交叉线使人的内心产生激荡的感觉，放射线让人感到奔放，等等，所以在设计时要根据地形地貌并结合景观主题设计路线线型。

第三，寻求空间变化。为了满足游客视觉对动感的需求，要充分利用地形的高低起伏，也可以运用园林中漏景、障景的构景手法，刻意将道路做到错落有致、突出层次。

第四，颜色和材料与整体保持和谐。一般来说除了游乐场等纯娱乐景区外，路线设计尽量不要用对比色，选择景观周围的原色能够更好地突出主题。选材也要根据景区主题进行，如石子路代表自由浪漫，嵌草路代表清新活泼，木板路让人轻松，石板路给人坚实牢固之感。恰当的选材能够完美烘托景区氛围，起到锦上添花的作用。

4.机动灵活原则

游览线路的设计要合理搭配，保证游客游程的多样性。机动灵活可以体现在多个角度，如保证游客游览过程中不走回头路；游览线路设计尽量避免平直、垂直路线，充分利用小山、河流等景物，使得道路适当弯曲，让游客获得移步换景的感觉；交通方式力争多样化，并互相配合，可以采用步行道、登山道、索道、缆车、游船、自行车等方式，让游客有尽可能多的选择。

第三节　旅游景区空间功能开发

一、专项景区空间功能开发

（一）旅游度假型景区

旅游度假型景区的空间布局一般包括旅游中心区、度假休闲区、森林登山区、水上游乐区、风俗体验区等。旅游中心区主要包括接待区、中心商业区、旅游住宿区、娱乐区、公共开发区、绿色空间等。度假休闲区主要包括度假住宅、度假村、休闲会议中心、高尔夫球场等。森林登山区主要包括原貌景观区和攀岩、越野、野战等项目体验区域。水上游乐区主要包括公共沙滩、垂钓区、水上娱乐区等。风俗体验区主要包括历史建筑区、特色民俗餐饮区、民俗风情区等。

以滨海旅游度假景区为例，滨海旅游景区的空间规划布局一般与海岸线区位紧密相关。景区设施的空间布局一般是从海面由远及近到沙滩，到内陆，依次布局，包括海上活动区、海滩活动区、陆地活动区等，从陆地到海上，旅游设施或建筑物的高度逐步降低。

（二）自然观赏型风景名胜区

观赏型风景名胜景区布局主要包括参观游览区、缓冲科考区、核心保护区、服务管理区和居民生活区等。参观游览区主要包括自然风景和人文风景。缓冲科考区位于核心区和游览区之间。核心保护区是为了保护景区生态而设置的区域，环境较为复杂。

以山地型景区空间布局为例，山地型景区地形复杂，空间布局受到环境保护、地形、游览安全等多方面影响。由于成因不同，我国山地形式各异，当前山地型景区的空间布局模式分为分岔式旅游布局模式、环式旅游布局模式、综合式旅游布局模式等。分岔式布局呈人字形，一般景区核心位于山顶，其他景点分列两侧，接待设施与景点则是间隔分布。环式布局强调吸引物相互串联，接待设施也是间隔分布。综合式布局为网状结构，游客自主选择游览路线。

（三）主题公园型景区

主题公园在进行空间布局时，一般除了服务区外，都会根据自己的园区内的不同主题进行相应功能分区，例如世界之窗将整个园区分为欧洲区、美洲区、亚太区、非洲区、国际街等区域，环球影城则按照侏罗纪世界、变形金刚、功夫熊猫等主题进行分区。每个主题区根据自身特色搭配广场区、村寨区、街头区、流动区等。

二、景区空间功能开发的一般构成

虽然景区类型、大小、特点各不相同，但功能分区基本上都可以分为游览区、接待区、休闲疗养区、商业服务区、居民区、管理区、园艺加工区等。

（一）游览区

游览区，作为景区的核心部分，不仅是景区吸引游客的主要区域，还是展现景区特色、彰显景区魅力的关键所在。每一个景区都拥有众多游览区，而每一个游览区又都有其独特的吸引物，使得游客在游览过程中能够领略到不同的风景与文化。在景区空间功能开发的一般构成中，游览区占据了举足轻重的地位。游览区或以自然风光为主，或以文化古迹为特色，或以动植物景观为亮点，或以游戏娱乐设施为卖点，丰富多彩，各具特色。

以自然风光为主的游览区，往往拥有壮丽的山峰、清澈的河流、壮观的瀑布等自然景观。这些自然景观不仅给游客带来了视觉上的享受，更让他们感受到了大自然的神奇与美丽。在这些游览区，游客可以漫步于山间小径，聆听溪流潺潺，感受大自然的宁静与和谐。

以文化古迹为特色的游览区，则汇聚了众多的古建筑、遗址等历史文化遗产。这些古迹历经沧桑与变迁，是传承当地文化、弘扬民族精神的重要载体。游客在这些游览区可以领略到古代建筑的雄伟与精美，领悟到传统文化的深刻内涵。

以动植物景观为主的游览区，则为游客呈现了一个丰富多彩的生物世界。这里有珍稀的动植物，有独特的生态环境，让游客在欣赏美景的同时，也能了解到生态保护的重要性。这些游览区通常设有生态教育区，通过互动体验等方式，让游客更加深入地了解自然生态。

以游戏娱乐设施为主的游览区，则更加注重游客的参与性和体验性。这些游览区配备了各种游乐设施，如过山车、旋转木马等，让游客在游玩的过程中感受到刺激与快乐。同时，这些游览区还常常举办各种主题活动，如音乐节、动漫展等，为游客提供了更多的娱乐选择。

在景区空间功能开发的过程中，游览区的规划与建设至关重要。景区需要根据自身的实际情况和市场需求，合理确定游览区的类型、规模和布局，确保每个游览区都能够充分发挥其特色与优势，为游客提供高品质的游览体验。同时，还需要注重不同游览区之间的衔接与配合，形成整体协调、互补共生的景区空间布局。

（二）接待区

作为游客进入景区的第一站，接待区不仅是游客集散的重要场所，更是景区服务水平的直接体现。因此，合理规划和布局接待区，对于提升游客体验、促进景区可持续发展具有重要意义。

接待区的布局模式多种多样，每种模式都有其独特的适用场景和优势。分散布局模式将接待设施分散在各景点附近，便于游客就近获取服务，但这种模式可能导致设施利用率不高，管理成本增加。分片布局模式则将接待设施分区块布局在集中区域，有利于实现资源共享和集中管理，但可能增加游客的行动距离。集中布局模式将接待设施集中分布在景区中或边缘区域，便于游客快速获取所需服务，同时也便于景区统一管理。而单一布局模式则是在适当地区新建接待小城，这种模式通常适用于大型景区或旅游度假区，能够形成独立的旅游服务中心，为游客提供全方位的服务。

接待区的布局需要综合考虑多种因素。首先，要充分考虑游客的需求和行为特点。例如，游客在游览过程中可能会需要休息、用餐、购物等，因此接待区应配置相应的餐饮、住宿、购物等设施，以满足游客的基本需求。同时，接待区还应设置游客咨询中心，提供景区导览、售票等服务。接待区的布局还应与景区的整体规划和风格相协调。不同景区有不同的主题和特色，接待区的布局和建筑风格应与景区整体相契合，以营造出和谐统一的旅游环境。例如，在历史文化景区中，接待区可以采用仿古建筑风格，以体现景区的历史文化底蕴；在自然风光景区中，接待区则可以采用生态环保的设计理念，与自然环境相融合。

其次，接待区的布局还应考虑交通和可达性。接待区应位于景区的主要入口或交通节点附近，便于游客快速到达。同时，还应设置完善的交通指示标志和导览系统，方便游客在景区内自由穿梭。

最后，接待区的布局还应注重可持续发展。在规划过程中，应充分考虑环境保护和生态平衡，避免过度开发和破坏自然环境。同时，还应注重节能减排和资源循环利用，推动景区绿色发展。

（三）休闲疗养区

休闲疗养区作为一个独特的功能分区，为游客提供了一个静谧之角与康养胜地。这些区域往往选址于风景优美的重要地点，以其秀丽的风光和幽静的环境吸引着众多游客。

休闲疗养区以提供宁静、舒适的休闲环境为主要目标，让游客在繁忙的生活中找到一处可以放松身心、远离尘嚣的所在。这些区域通常建设有高品质的接待设施，如酒店、度假村、水疗中心等，为游客提供全方位的休闲疗养服务。在休闲疗养区，游客可以尽情享受大自然。这里有郁郁葱葱的树木、清澈见底的溪流、姹紫嫣红的花坛，每一处都体现着大自然的清新与宁静。游客可以漫步于林间小道，感受树木的呼吸，聆听鸟儿的歌唱，让自己的身体和心灵得到真正的放松。

除了美丽的自然风光，休闲疗养区还要为游客提供促进身心健康的养护服务。这些区域通常配备专业的健康管理机构，提供个性化的健康咨询、体检、康复等服务。游客可以在这里接受专业的身体检查，了解自己的身体状况，并根据个人需求制订合适的健康计划。同时，休闲疗养区还注重为游客提供丰富的文化娱乐活动。这里有书吧、茶室、瑜伽馆等，让游客在休闲之余，也能感受到文化与艺术的魅力。这些活动不仅丰富了游客的精神生活，也让他们在轻松愉快的氛围中度过美好的时光。此外，休闲疗养区还注重与当地社区的融合与互动。通过与周边社区的合作与交流，这些区域不仅能够为游客提供更加丰富的旅游体验，还能增加就业，为当地经济发展注入新的活力。

（四）商业服务区

作为为游客提供餐饮、住宿、交通、购物、娱乐等服务的核心区域，商业服务区不仅承担着满足游客基本需求的重要使命，还是提升游客体验、促进景区经济发展的关键。

商业服务区的布局与规划，首先需考虑其与周边环境的适应性。在景区中，商业服务区通常相对集中，以便于游客的寻找和使用。然而，这种集中并非简单的堆砌，而是需要充分考虑到与景区自然景观、文化特色的融合与协调。比如，在商业服务区的建筑设计上，可以借鉴当地的建筑风格，采用与景区整体风貌相协调的色调和材质，使商业服务区成为景区中的一道亮丽风景线。同时，商业服务区的功能划分也是规划中的重要一环。餐饮、住宿、交通、购物、娱乐等服务功能需要合理布局，既要确保游客能够便捷地获取所需服务，又要避免不同功能区域之间的干扰和冲突。例如，餐饮区域可以设置在靠近主要游览路线的位置，以便于游客在游览过程中随时补充能量；住宿区域则可以相对独立，给游客提供安静舒适的休息环境；交通区域则应设置在便于游客进出的位置，为游客提供便捷的交通服务。

此外，商业服务区的特色打造也是提升景区吸引力的重要手段。在商业服务区的开发中，可以结合景区的文化特色、自然景观等独特资源，打造出具有地方特色的服务项目和产品。比如，可以推出以当地特色食材为主的餐饮产品，让游客在品尝美食的同时感受到地方文化的魅力；可以开发以景区主题为背景的文创产品，满足游客的购物需求；还可以举办具有地方特色的文化活动或节庆活动，为游客提供丰富多彩的娱乐体验。

商业服务区的开发与管理也需要注重可持续发展。在开发过程中，应严格遵循环境保护和生态平衡的原则，避免过度开发和破坏自然环境。同时，还应注重商业服务区的经济效益和社会效益的平衡，确保在满足游客需求的同时，也能够为当地经济发展作出贡献。

（五）居民区

居民区不仅为景区内的居民和员工提供了舒适的居住环境，还在一定程度上影响着景区的整体形象和游客体验。因此，在景区规划与建设中，妥善处理居民区与游客区的关系，确保两者的和谐，显得尤为重要。

居民区的选址应充分考虑景区的整体布局和游客流线。一般而言，居民区应位于景区的特定位置，如景区角落或相对隐蔽的区域，以避免与游客流线发生直接冲突。这样可以保证居民区的安静与私密性，避免游客活动对居民生活的干扰。同时，居民区的建筑风格、色彩搭配等也应与景区整体风格相协调，以保持景区的整体美观。在景区规划与建设中，应充分考虑居民的生活需求。居民区应配备完善的基础设施和公共服务设施，如学校、医院、超市等，以满足居民的基本生活需求。同时，还应注重居民区的绿化和环境建设，为居民创造一个宜居、宜游的生活环境。

景区内的居民和员工的生活方式、传统习俗等都是景区文化的独特体现。因此，应充分尊重当地居民的文化和传统，保护他们的文化权益。同时，还可以通过开展文化活动、旅游培训等方式，增强居民对旅游业的认知和支持，促进景区与当地居民的和谐共处。当然，也存在一些特殊情况，即居民区本身就是旅游吸引物的一部分。比如，一些古镇、古村落，其独特的建筑风格和居民生活方式等都是游客向往的旅游体验元素。在这种情况下，景区的规划与建设应更加注重对居民区的保护和利用，通过提升居民区的景观价值和文化内涵，吸引更多游客。

（六）管理区

管理区承担着景区日常运营、管理和维护的关键职责。它的规划和布局合理与否，不仅关系到景区整体运营的效率，也直接影响到游客的游览体验。

管理区的选址需要深思熟虑。考虑到员工的生活便利性和工作效率，管理区通常与员工居住区相邻，这样既能确保员工快速到岗，也能减少通勤时间，提高工作效率。同时，管理区与游客区要尽量分离，这可以避免游客与管理区的频繁接触，保证景区的秩序和游客的游览体验。在建筑风格上，管理区同样需要与周围的景观保持和谐统一。景区通常拥有独特的自然风光或人文景观，管理区的建筑设计应融入这些元素，以体现景区的整体风格和特色。

管理区一般包括行政办公、保安监控、设备维护、物资存储等多个功能区域。这些区域应合理划分，既要确保各功能区的独立性和完整性，又要便于员工之间的沟通和协作。例如，行政办公区应位于便于实施管理和监督的位置，保安监控区应覆盖整个景区，设备维护区的位置应便于快速响应和处理各种突发情况。此外，为了保障景区的正常运营，管理区需要配备先进的监控设备、通信设备、消防设备等，以确保员工能够及时了解景区的情况，快速应对各种突发事件。同时，为了提升员工的工作效率和舒适度，管理区还应提供必要的办公设施、休息设施和生活设施。

（七）园艺加工区

园艺加工区不仅负责景区产品的生产或加工制作，更能展现景区特色、提升游客体验。园艺加工区通常包括养殖垂钓区、待采摘农产品区、食品与饮料制作区以及手工纪念品制作区等多个子区域。

养殖垂钓区是园艺加工区的一大亮点。在这里，游客可以近距离观赏到各种水生生物的生长状态，感受大自然的神奇魅力。同时，垂钓活动也为游客提供了一种轻松愉快的休闲方式，让他们在忙碌的生活中找到片刻的宁静与放松。

待采摘农产品区让游客有机会亲身体验采摘的乐趣。在这里，游客可以亲手采摘新鲜的蔬菜、水果等农产品，感受大自然的馈赠。这种互动式的体验不仅让游客更加深入地了解农产品的生长过程，也让他们对景区的产品产生了更多的信任和好感。

食品与饮料制作区是园艺加工区中的创意之源。专业的厨师和手工艺人利用景区自产的原材料，制作出各种美味可口的食品和饮料。这些产品不仅满足了游客对美食的需求，也展现了景区独特的饮食文化。同时，游客还可以在此观看制作过程，了解食品与饮料的制作工艺，增加旅游的乐趣和收获。

手工纪念品制作区则是园艺加工区中的文化之窗。手工艺人运用传统技艺，并融合景区特色元素，制作出各种具有纪念意义的手工艺品。这些纪念品既可以作为游客的收藏品，也可以作为他们向亲朋好友传递景区文化的媒介。通过购买和赠送这些纪念品，游客与景区之间建立了更加紧密的联系和纽带。

园艺加工区还为景区带来了可观的经济效益。通过销售自产产品，景区不仅增加了收入来源，也提升了品牌知名度和市场竞争力。此外，园艺加工区还为当地居民提供了就业机会和创业平台，促进了当地经济的繁荣和发展。

第五章　旅游景区可持续发展规划

第一节　可持续发展与旅游景区规划

旅游景区是旅游资源集中地，旅游资源与旅游环境是旅游业赖以存在的物质基础，同时旅游资源又是一类稀缺性资源，并且对环境有高于其他资源的依赖性。因此，旅游资源的开发既包括资源的利用又包括资源及环境的保护，即旅游资源与环境的可持续开发。要做到旅游资源与环境的可持续开发，首先就是要运用可持续发展理论，结合旅游自身的特色来指导旅游景区的规划。

一、可持续旅游发展概述

（一）可持续发展的概念

现代可持续发展的思想源于环境恶化与资源枯竭等问题引起的对传统发展方式的反思。自20世纪80年代初可持续发展概念被提出后，不同的学者将它引入自己的研究领域，同时结合本国国情用本专业的语言对可持续发展进行了表述。

世界环境与发展委员会（World Commission on Environment and

Development，WCED）于1987年发表的名为《我们共同的未来》的报告对可持续发展的定义为："既能满足当代人的需要，又不对后代人满足其需要的能力构成危害的发展。"这个定义鲜明地表达了两个基本观点：一是人类要发展，尤其是穷人要发展；二是发展要有限度，不能危及后代人的发展。

（二）可持续发展的基本内容

可持续发展的基本内容可归纳为以下四个方面：

1. 强调首先要发展

人类需求和欲望的满足是发展的主要目标，发展是人类永恒的主题，是人类共同的、普遍的权利和要求。不论发达国家还是发展中国家都享有平等的、不容剥夺的发展权利。这里的发展包括经济、社会和自然环境在内的多种因素的共同发展。

2. 强调持续性，即经济发展的持续性

可持续发展要求人类对生态环境的利用必须限制在生态环境的承载能力之内，也就是对发展规模、发展速度要有一定限度的限制，改变长期以来人类在追求发展、经济利益的过程中以牺牲生态环境、历史文化遗产为代价的做法，以保证地球资源的开发利用能持续到永远，以便给后代留下更广阔的发展空间。

3. 强调公平性

可持续发展强调满足全体人民的基本需求和给全体人民机会以满足他们要求较好生活的愿望。要给世界以公平的分配和发展权，要把消除贫困作为可持续发展进程中特别的问题来考虑。

4.强调共同性

人类生活在同一个地球上,地球的完整性和人类的相互依赖性决定了全体人类有着共同的根本利益。地球上的人,生活在同一大气圈、水圈、生物圈中,无论是穷人还是富人,本国还是别国,彼此之间是相互影响的。因此,必须采取全球共同的联合行动。

二、可持续发展理论在旅游景区规划中的应用

(一)作为旅游景区总的规划理念

可持续发展的思想与理论对旅游业的发展具有特别的针对性。一方面,旅游业作为一个环境资源产业,可作为可持续发展关于环境与发展命题的原型和实例;另一方面,关于旅游业是社会事业还是经济产业的争论,充分而生动地展现了旅游业在可持续发展中的意义和作用。因此,可持续发展的思想和理论必然成为旅游规划的核心指导思想。旅游规划需要过去的产业思想和景观美学思想,更需要新的环境保护思想、文化完整性思想,以及代与代之间,游客与接待区之间,旅游商家、政府与非营利组织之间平等的思想。总之,旅游规划要以可持续发展的思想作为总的指导理念。

(二)对旅游景区具体规划的指导

旅游可持续发展要实现三个目标的协调和平衡,即旅游经济的可持续、生态环境的可持续和社会文化的可持续。这就意味着,旅游规划要确保旅游业的积极影响达到最大,消极影响降到最小。因此,旅游规划的目标,首先是提升游客的满意度,以维持旅游市场的持续增长;其次是增加旅游收入,以吸引和加强旅游投资,保障旅游供给,维持旅游供给和需求的动

态平衡；再者是保护旅游资源，以维持旅游资源代内和代际的持续利用（包括自然的和文化的）；最后是加强旅游社区和地区的联系，以维持接待区和游客之间的社会协调。

第二节　旅游景区可持续发展的调控

一、对经济影响的调控

对经济影响的调控主要是处理好短期效益与长期效益之间、区内收益与区外收益之间及投资经营者、当地居民、地方政府三者之间的利益关系。可从如下几方面来分析：

（一）尽量在保护的前提下扩大旅游规模

旅游规模的扩大意味着获得更多的收入，只有在收入较多的情况下，才可能有更多的人受益。因此，对旅游景区的开发应该从一开始就坚持高投入、高产出、分期滚动发展的原则，以使资源能得到有效利用与保护。实践证明，小投入往往与低水平、短期行为相伴，并以高强度消耗资源与不顾环境破坏为代价。在景区投资强度上，政府可通过旅游规划、项目审批加以调控。

（二）尽量让当地居民参与旅游业发展，从中受益

居民是旅游目的地的主人，他们的态度与旅游可持续发展密切相关。居民参与旅游业发展的方式是多种多样的，比如以股份的形式参与旅游投资、发展家庭旅馆、出售土特产、提供歌舞表演、进入景区就业等。景区

还可以以资助地方教育、改善基础设施等方式让地方受益，从而获得地方的支持。

（三）尽量依靠当地供给，减少收入漏损

景区的日常餐饮、卫生、办公等原材料，在满足质量要求的前提下，尽量从本地市场购买；景区员工尤其是技术要求不高的职位所需的员工应尽量在当地招收，招收后可进行适当的培训；还可以鼓励当地居民参股等。这些做法可提升景区与地方经济的关联度，减少旅游收入的外流，并将景区的发展与当地经济的发展有机地联系起来，获得当地民众与政府的支持。

二、对环境影响的调控

在发展旅游业的同时，必须通过有效的手段来调控旅游业发展对环境的影响，尽量减少负面影响，促进旅游环境的良性循环和旅游业的可持续发展。

（一）认识与利用旅游景区开发与环境保护规律

旅游景区开发中存在各种各样的矛盾，旅游在一定程度上加速了环境损耗和地方特色的消失。旅游业赖以发展的旅游资源是有限的，那种对旅游资源"杀鸡取卵、涸泽而渔"的做法，片面追求高速度、高效益，造成旅游越发展环境污染越严重的状况，不符合人类社会发展的总目标。尊重和保护旅游资源和环境，不断提高环境质量、促进人类和环境和谐共处，是旅游发展的根本目的。这就要求必须从旅游景区开发与环境保护的相互关系中探寻内在规律，以改善不断恶化的生态环境，加强旅游景区开发与环境保护的一体化研究；实施合适的方针政策及措施，促进旅游与自然、

文化、环境融为一体。

（二）做好旅游景区开发规划

旅游景区开发对环境产生的负面影响是可以预防的，预防的重要手段之一是做好旅游景区开发规划。科学的规划可以做到合理利用资源并有效保护环境。任何景区的开发规划都必须进行资源、环境保护规划，景区的资源与环境保护规划可在景区定位、设施布局、保护区划分、植被绿化保育区设立、垃圾收集系统、"三废"处理、噪声控制、环境教育解释系统、旅游管理规划上得到全方位的体现。旅游景区开发应做到规划先行，用规划做指导，各方面携手合作，以保证旅游发展与保护环境相辅相成。

进行旅游景区规划时要考虑旅游资源状况和特性及分布，旅游者类别及需求特征，旅游环境容量大小，旅游区生物多样性程度和保护条件及自然资源的可持续利用，旅游区各方面的公平发展与各方利益，等等。在不破坏生态环境这一基本原则的指导下，分析生态旅游区的重要性，对旅游区进行功能分区，制定适合动物栖息、植物生长、旅游者旅游和居民居住的各种规划方案，充分利用河、湖、山、绿地和气候条件，为旅游者创造优美景观，为当地居民创造舒适、卫生、静谧的居住环境。

（三）制定有利于旅游环境保护的政策

政策往往是发展的先导，是进行管理的前提和条件，因此旅游发展政策是进行生态旅游环境保护和治理的重要条件。

1. 经济政策

为维护美丽景观和田园特色及"原汁原味"的生态系统，实现旅游的持续发展，一些对环境资源有破坏作用的旅游规划，即使经济效益再高，也不应批准投资；而涉及农业生态系统的初级生产的旅游规划和野生动植物园开发，虽然短期经济效益不高，但有利于提高景观生态多样性，增强地方田园特色，可长期吸引更多生态旅游者，应得到当地政府重点支持。

2. 环境政策

旅游的基础在于良好的旅游资源和环境，因此在促进区域发展的同时，要实现环境的良性循环。为预防景区开发可能引发的环境退化、污染、破坏等，在制定旅游规划时，务必弄清其潜在的环境影响，对拟开发的每一个旅游项目（产品）都要进行环境影响评估，对不符合环境标准的项目坚决予以取缔；对建成运营的项目，根据国家或地方有关环境法规征收环境税或排污费，引导、调控旅游项目的投资开发方向。

3. 技术政策

要通过设立技术指标来避免或减小旅游景区开发所引起的不良环境影响。这种技术指标可在项目审批、旅游规划、审计与监督时作为依据与限制条件。技术标准有国家级相关技术标准、地方技术标准之分。由于大众旅游发展历史不长、实践时间有限，同时景区的环境承载力又取决于自身的情况和旅游者的素质，导致制定技术标准有一定的难度，因此可以参照国外的标准及其他行业有参考价值的国家技术标准，比如景区的水质标准可以以国家一级水质标准为依据进行制定。

（四）认真进行环境影响评价和环境审计

1. 环境影响评价与环境审计

（1）环境影响评价

环境影响评价又称为环境效应评价，是进行环境预防管理的有效方法。

环境影响评价是对实施某些项目对地球的生物物理环境和人类的健康及福祉产生的各种可能后果进行辨识，并在能够实际影响决策的阶段向负责该项目的有关人员或机构传递其分析结果的过程。

（2）环境审计

环境审计是环境质量管理法治化的产物，是现代审计制度的一个重要组成部分。自20世纪70年代，环境审计在西方国家的一些企业首先得到成功运用之后，许多国家的最高审计机关也在一定范围内试行了环境审计，从而引起了国际审计界的广泛关注。1995年，世界审计组织在开罗召开第15届世界审计组织大会，把环境审计列入主要议题，引起了全世界的广泛重视。

环境审计既是审计监督体系的一个分支，又是环境管理的有效工具。它是审计主体（包括国家审计机关、社会审计组织和具有审计师资格的人员）依法对被审计单位（企业和行政、事业单位）的开发活动、政策和环境行为进行的，评价其是否遵从已制定的环境规章、制度、标准和政策的一种审查活动。审计的内容包括：国家环境政策和项目的审计；政府部门和国有、私有企业（公司）对国家环境法律、法规的执行情况；国家和地方政府现有及拟议中的环境政策和项目对环境的影响；其他开发行为的环境政策和项目对环境的影响等。

环境审计的程序是：评价——确定被审计对象的实际状况；检验——比较被审计对象的实际状况与预测值之差异；确认——确认比较结果。

（3）环境影响评价与环境审计的关系

环境影响评价注重科学的预测，重点剖析经济活动与环境变化之间的关系规律，判断项目的可行性（包括项目内容、性质、规模和选址等），并提出切实可行的环境保护方案。环境审计则是着重评估项目在运作中对环境的实际影响，比较预测值与现实值之间的差异，从而确定项目成功与否。

2.旅游景区开发活动的环境审计

环境审计目前尚未在旅游景区开发领域得到广泛应用。这一方面是由于人们在认识上还未达到统一，一般认为环境影响评价已足够；另一方面，环境审计本身无论是概念还是手段、方法均还不够完善，加上缺乏有效的机制和权威的执行机构，以及环境监测数据难以配套等限制因素的存在，因此目前将环境审计广泛应用于旅游业中还不成熟。但是，作为旅游业可持续发展的重要保障手段，环境审计逐步成熟，普遍应用于旅游业已是大势所趋。

（1）旅游环境审计的概念

旅游环境审计是指审计机构或人员依法对旅游景区开发单位（或个人）进行的有关经济活动、环境管理与生态保护的真实性实施的评价和检查。其性质与环境审计的一般特征相一致。

（2）旅游环境审计的内容

①对旅游环境管理条例及其实施情况的审计。

②对旅游规划和旅游保护规划方案及其实施情况的审计。

③对旅游产品的环境合法、合规性的审计。

④对旅游设施建设情况的审计。

⑤对旅游景区开发中的环境负债的审计。

⑥对旅游交易和旅游商品开发的环境负债的审计。

⑦对旅游景区开发外部经济性的审计。

⑧对旅游景区开发遵守国际、国家和地区条约情况的审计。

（3）旅游环境审计的具体目标

①揭示旅游景区开发过程中出现的环境问题，明确责任。

②检查生态环境保护规划的执行情况、执行效果，明确存在的问题及其原因。

③科学估算旅游景区开发引起的环境污染、生态破坏、社会损失的经济价值（包括直接损失、间接损失、区内损失和域外损失）。

④评价环境管理系统的健全性和实施效率。

⑤建立健全旅游业环境会计核算制度，提高旅游企业领导者和员工的环境保护意识和环境危机感等。

（五）实施生态管理

旅游管理者往往是生态旅游资源和环境保护的引导者和监督者，对其进行生态环境教育是发展生态旅游的要求。旅游管理者在接受生态环境教育后，要重视生态旅游资源普查与科学评价，组织制定生态旅游发展纲要和规划，确立生态旅游发展的基本策略、方向、目标、重点和实施步骤及相应措施，确立旅游的协调管理与保护机制，为生态旅游企业和旅游者传递有关生态旅游与生态旅游环境保护的信息。

（六）对旅游者进行生态环境教育和管理

对旅游者和潜在旅游者在旅行前进行生态旅游环境意识教育，如对青少年进行生态环境保护教育，强化其环保意识，使他们懂得作为一个旅游者，特别是生态旅游者必须履行的生态义务以及奉行的生态理念。

可对旅游者进行保护生态旅游环境的技术引导，这一工作可从以下几个方面进行：

在旅游区内设立具有环保教育功能的基础设施,如位于生态环境景观旁边的科学解说系统,提醒旅游者注意环境卫生;利用多种媒体,使旅游者接受多渠道的环保意识教育,包括在门票、导游图、导游册上印制生态知识和注意事项;增加旅游商品中的生态产品;增加具有生态保护意义的交通工具;采取一定的奖惩手段;提供"取走的只有照片,留下的只有脚印"行动的废品收集器;等等。

对旅游者的旅游活动进行空间上的区划引导和时间上的分流引导。在空间区划上,一方面,充分利用道路、池塘、天然小径、停车场、厕所、饮食店及信息中心等设施的布局,引导旅游者分流;另一方面,实施按保护要求进行景区保护区划(功能区划)的模式。根据各层次的特点,在有关地点设立解说牌,这对分区导流、实现旅游者生态管理有较大作用。在时间分流引导上,通过一定开发手段、经济手段调节旅游者流量与流向也较为有效,如开发适合淡季的旅游项目,实行淡、旺季旅游价格(包括交通费、门票、食宿费等)浮动调节策略,向到生态旅游区的旅游者征收较高超常能源和资源使用税及排污费,等等。

法律手段往往是管理的有力手段。景区应依照现有法规条例,如《中华人民共和国环境保护法》《中华人民共和国森林法》《中华人民共和国风景名胜区条例》等,结合景区实际进行管理,向破坏生态旅游资源和环境且违反有关法律法规的旅游者追究法律责任。

三、对社会文化影响的调控

旅游发展对当地社会与文化有正面与负面的影响。对负面的影响应采取有效的措施加以调控,使其尽量减少。目前,国内的研究集中在旅游产生的负面影响的调查分析上，但这方面的调查案例也不多。对社会文化影响调控一般可采取如下措施：

（一）进行科学合理的旅游规划，并将规划实施到底

在充分了解旅游资源与地方文化且有足够群众基础的前提下，做出科学合理的旅游规划，将旅游带来的负面影响框定在合理的范围之内。要预先设计一套能保障规划实施到位的机制。

（二）进行地方文化的科学研究与抢救，使地方文化发扬光大

地方文化中有些内容历史久远，往往保存得不是很完整，或有某种失真，应借助开发旅游景区的契机加以抢救，并研究在开发旅游景区的情况下如何继承与发扬地方文化。

（三）以教育来使地方民众增加民族文化自豪感，使旅游者尊重地方文化

在一些经济落后的地方，当地民众很容易有文化自卑感，这种自卑感使他们直接把经济的差距当成了文化的差距。实际上，经济的差距不一定代表文化的差距，现代很多经济发达的地区，恰恰丧失了人类所需要的最本质的东西——社会的和谐与彼此关爱，而这正是传统文化区普遍具有的特性。应该让当地民众认识到他们的地方文化中所保留的人的本性中最珍贵的东西，进而提升他们对自身文化的自豪感。同样，也应该让游客了解到经济发展上的优势不等于文化的优势，应该为这些地方文化被一代代保留下来而感到庆幸，从而自觉保护它们。

第六章　旅游经济的发展趋势

第一节　旅游可持续发展

一、资源、环境与旅游业发展的关系

（一）旅游资源与旅游业发展的关系

旅游资源与旅游业发展是密切联系的。旅游资源是自然和人类社会中一切能够吸引旅游者进行旅游活动的自然资源和社会文化资源，其本质就是能够激发旅游者的旅游动机，具有吸引旅游者进行旅游消费，并促成旅游行为的资源。旅游业发展，是指人们以获得经济效益为目的，以满足旅游者需求为重点，为了充分发挥旅游资源的吸引力，而围绕旅游资源所进行的一系列开发和建设活动。旅游资源的开发是旅游业发展的重要内容。

（二）旅游环境与旅游业发展的关系

所谓环境，是指作用于人类的所有外界影响因素与力量的总和，是人们赖以生存和发展的客观条件，从旅游角度看，旅游发展的实质就是利用优美的自然环境，按照人们的要求对旅游资源进行整修和优化，从而建造出各种各样的风景区，满足人们的旅游需求。从环境保护的角度看，旅游

活动的开展有利于环境保护,但同时也会对环境造成一定的消极影响。

二、旅游可持续发展的重要性

(一)旅游可持续发展的概念

旅游可持续发展是指在充分考虑旅游与自然资源、社会文化和生态环境的相互作用和影响的前提下,把旅游景区开发控制在生态环境承受能力之内,努力谋求旅游业与自然、文化和人类生存环境协调发展,并福及子孙后代的一种经济发展模式,其目的在于为旅游者提供高质量的旅游感受和体验,提高旅游目的地人民的收入水平和生活质量,并切实提高旅游者和旅游目的地人民共同依赖的环境的质量。

(二)旅游可持续发展的主要特点

第一,旅游可持续发展的目标是满足人们的多样化需求。根据马斯洛需求层次理论,旅游需求属于高层次的需求,随着生活水平的提高,越来越多的人普遍会产生对旅游的需求,加之人们的旅游需求丰富多样,因而旅游经济的可持续发展必然以满足人类的多样化需求为根本目标。

第二,旅游可持续发展的重点是保护资源和环境。旅游资源是一地发展旅游的根本,而环境是一地发展旅游的保证。因此,旅游业要想获得可持续发展,就必须加强对旅游资源和环境的保护。

第三,旅游可持续发展的前提条件是合理的规划和开发。旅游景区开发,规划先行。只有进行科学、合理的规划,旅游资源和环境才能够得到有效的保护。现实中旅游资源和环境遭受破坏,要么因为缺乏科学的规划,要么因为有规划但缺乏有力的执行,因此若想实现旅游可持续发展,就必须在开发前就做好科学全面的规划，且建立完备的规划执行机制。

第四，旅游可持续发展的重要保障是加强旅游行业管理。由于旅游业的发展具有综合性和复杂性，因此在旅游业的发展过程中，常常出现一处旅游资源归属不同的部门管理，导致政出多门，管理低效的情况。由此可知，加强对旅游行业的统一管理对实现旅游业的可持续发展至关重要。

（三）旅游可持续发展的重要意义

第一，旅游可持续发展有利于对旅游资源的保护和持续利用。可持续发展是一种适度、有节制的发展，由于旅游资源是有限的，旅游环境的容量是一定的，因此对于旅游景区开发来说，可持续发展就是要有计划、有序、有重点地开发和利用一地的旅游资源，而且每一阶段的开发都要控制在旅游资源和环境的容量之内。

第二，可持续发展有利于促进经济与社会、环境协调发展。可持续发展是一种综合、系统的发展观，旅游业的可持续发展不仅仅强调旅游业的经济效益，同时充分考虑旅游业的社会和生态效益。例如，旅游发展要尽可能给当地的居民创造就业机会；旅游发展要利于保护和美化当地的生态环境。

第三，旅游可持续发展有利于旅游市场的繁荣和稳定。旅游可持续发展可以延长旅游景区的生命，进而有利于吸引更多的旅游者，保证旅游市场的繁荣。同时，根据旅游可持续发展理念，不断被开发出来的新旅游项目，也利于维持旅游市场的相对稳定。

第四，旅游可持续发展有利于促进旅游经济增长方式的转变。坚持旅游可持续发展，将促使旅游业逐渐转变增长方式，由粗放式增长模式向综合增长模式转变,具体表现为由传统的仅仅关注游客的数量转变为提升旅游服务的品质。

三、旅游可持续发展的观念与规律

(一)旅游可持续发展观念

1. 旅游可持续发展系统观

旅游可持续发展系统观是把自然圈、生物圈和社会圈视为一个完整的生态系统,其核心是强调人与自然、人与环境、人与社会相互依赖、相互和谐的共生共存关系。

2. 旅游可持续发展的资源观

旅游可持续发展的资源观引入了可持续发展的理念,强调自然资源与环境的有价性,并将自然资源和环境视为旅游活动的资本,将其价值计入旅游活动的成本中,以期从旅游收入中给予补偿,从而实现自然资源和环境的永续利用。

3. 旅游可持续发展的市场观

旅游可持续发展的市场观是根据市场的需求特点、规模、档次、水平及变化规律和趋势,对现有旅游产品进行组合包装,积极开发新的旅游产品,适应市场群体细分化的要求,增强旅游产品的吸引力,促进旅游的可持续发展。

4. 旅游可持续发展的产业观

旅游可持续发展的产业观要求加快旅游资源的开发,积极培育和发展旅游支柱产业,提升旅游业在一地经济体系中的地位,进而促进旅游业的快速发展。

5. 旅游可持续发展的效益观

旅游业作为一个经济产业，在其发展中应始终把提高经济效益、社会效益和环境效益作为主要的目标，进而推动整个社会生产力的发展。

（二）旅游可持续发展规律

1. 环境保护超前规律

环境保护必须超前于旅游资源开发，这是旅游可持续发展的客观规律。现实中对环境保护的忽视，往往导致旅游景区开发难以持续。

2. 环境承载力规律

环境承载力是把生态环境与人口规模结合起来，研究人口规模在何等水平时能保证生态环境的持续性。旅游环境承载力是指旅游活动中，旅游目的地容纳旅游者的能力，其规律是指旅游经济的可持续发展必须以不超过旅游目的地环境承载能力为前提，并以此作为旅游业各方面发展的红线。

3. 综合协调发展规律

旅游可持续发展要求的是综合协调的发展，而不能只单纯追求某一方面的发展，即旅游经济发展要遵循综合协调发展的规律，以旅游活动各环节或各要素为纽带，在统一管理、统一协调的前提下，谋求旅游业与其他行业或部门以及旅游业内部各方利益的最大化。

4. 创新发展规律

创新发展规律是旅游活动中有关环节或要素在内外因素的作用下，减少旅游活动内部矛盾并促使旅游活动呈现出更高级的特征，提高旅游产业活动的运行质量和效果，从而带动旅游经济健康、持续地发展。

第二节 智慧旅游

一、智慧旅游的起源及发展条件

（一）智慧旅游的起源

智慧旅游来源于"智慧地球（smart planet）"和"智慧城市（smart cities）"概念。2008年，国际商业机器公司（International Business Machine，IBM）首先提出了"智慧地球"概念，指出智慧地球的核心是以一种更智慧的方法通过利用新一代信息技术来改变政府、公司和人们交互的方式，以便提高交互的明确性、效率、灵活性和响应速度。

"智慧城市"是"智慧地球"落地到城市的举措。IBM认为，"智慧城市"理念强调充分运用信息和通信技术手段感测、分析、整合城市运行核心系统的各项关键信息，从而对于包括民生、环保、公共安全、城市服务、工商业活动在内的各种需求做出智能的响应，为人类创造更美好的城市生活。

在国务院《关于加快发展旅游业的意见》精神的指引下，旅游业开始以信息技术为纽带探寻旅游产业体系与服务管理模式的重构方式，以实现将旅游业建设成现代服务业的质的跨越。受"智慧城市"理念及其在我国的建设与发展的启发，"智慧旅游"应运而生。从城市角度看，"智慧旅游"可被视作智慧城市信息网络和产业发展的一个重要子系统，要发挥"智慧旅游"的某些功能需要借助或共享"智慧城市"建设的已有成果。因"智慧旅游"是一项侧重公共管理与服务的惠民工程，将"智慧旅游"纳入"智慧城市"建设有助于明确建设主体并集约资源。

（二）智慧旅游的发展条件

智慧旅游的发展依托以下六个方面：第一，全球信息化浪潮促进了旅游产业的信息化进程；第二，旅游产业的快速发展需要借助信息化手段，尤其是旅游业被国务院定位为"国民经济的战略性支柱产业和人民群众更加满意的现代服务业"以来，旅游业与信息产业的融合发展成为引导旅游消费、提升旅游产业素质的关键；第三，物联网/泛在网、移动通信/移动互联网、云计算以及人工智能技术的发展为智慧旅游建设提供技术支撑；第四，整个社会的信息化水平逐渐提升促进了旅游者的信息手段应用能力的增强，使旅游业的智能化变革具有广泛的用户基础；第五，智能手机、平板电脑等移动智能终端的普及为智慧旅游提供了应用载体；第六，最为重要的是，随着旅游者数量的增加和对旅游体验的需求的深入，旅游者对信息服务的需求在逐渐增加，尤其旅游过程具有很大的不确定性和不可预见性，实时实地、随时随地获取信息是提高旅游体验质量的重要方式，也展示了智慧旅游建设的强大市场需求。

二、智慧旅游的概念

智慧旅游是基于新一代信息技术（也称信息通信技术，ICT），为满足游客个性化需求，提供高品质、高满意度服务，而实现旅游资源及社会资源的共享与有效利用的系统化、集约化的旅游方式。

智慧旅游与旅游信息化既有区别又有联系。信息化是指充分利用信息技术，开发利用信息资源，促进信息交流和知识共享，提高经济增长质量，推动经济社会发展转型。狭义的旅游信息化是指旅游信息的数字化，即利用信息技术采集、处理、转换旅游信息,用文字、数字、图形、声音、动画等来存储、传输、应用旅游信息;广义的旅游信息化是指充分利用信息技术,对旅游产业链进行深层次重构,以促进传统旅游业向现代旅游业转化,加快旅游业的发展速度。智慧旅游则可被理解为旅游信息化的高级阶段,其并不是对旅游电子政务、旅游电子商务、数字化景区等"智慧化"概念的重新包装,而是能够解决旅游发展中出现的新问题,满足旅游发展中的新需求,落实旅游发展中的新思路以及新理念的全新的旅游方式。

三、智慧旅游的核心技术

(一)物联网技术

物联网是智慧旅游的核心网络。物联网实现了物与物、人与物、人与人的互联。从定义上讲,物联网是通过射频识别、红外感应器、全球定位系统、激光扫描等信息传感设备,按约定的协议,把物品与网络连接起来进行信息交换和通信,以实现智能化识别、定位、跟踪、监控和管理的一种网络。

智慧旅游中的物联网可以理解为互联网旅游应用的扩展以及泛在网的旅游应用形式。如果称基于互联网技术的旅游应用为"线上旅游",那么基于物联网技术的旅游应用则可被称为同时涵盖"线上"与"线下"的"线上线下旅游"。物联网技术突破了互联网应用的"在线"局限,而这种突破是适应旅游者的移动以及非在线特征的。泛在网是指无所不在的网络,基于物联网的旅游应用的"线上""线下"融合的特点体现了泛在网"无所不在"的本质特征,而这种本质也是适应旅游者的动态与移动特征的。

（二）移动通信技术

移动通信是物与物通信模式中的一种，主要是指移动设备之间以及移动设备与固定设备之间的无线通信。因此，移动通信可理解为物联网的一种物与物连接方式，是支撑智慧旅游物联网的核心基础设施。

移动通信技术作为物联网的一种连接方式之所以被特别提出，是因为随着移动终端设备的发展与普及，移动通信技术使得信息技术的旅游应用从以个人计算机为中心向以携带移动通信终端设备的"人"——旅游者——为中心转变，体现了以散客为服务对象的信息技术应用方向。智慧旅游中的移动通信技术为旅游者提供丰富的高质量服务，如全程（游前、在途、游后）信息服务、无所不在（任何时刻、任何地点）的移动接入服务、多样化的用户终端以及智能服务等。智慧旅游的移动通信技术应用将极大改善旅游者的旅游体验，提升旅游目的地管理水平与服务质量，使旅游管理与服务向着更加精细以及高质量的方向发展。

（三）云计算技术

云计算是一种网络应用模式，计算机终端、移动终端等终端使用者不需了解技术细节或相关专业知识，只需关注自己需要什么样的资源以及如何通过网络来得到相应服务，其目的是解决互联网发展所带来的巨量数据存储与处理问题。云计算的核心思想是计算、信息等资源的有效分配。

云计算技术包含两个方面的含义：一方面指用来构造应用程序的系统平台，其地位相当于个人计算机上的操作系统，称为云计算平台（简称云平台）；另一方面描述了建立在这种平台之上的云计算应用（简称云应用）。智慧旅游的云计算建设须同时包含云计算平台与云计算应用。

（四）人工智能技术

目前人工智能技术已经被广泛应用于机器人、决策系统、控制系统以及仿真系统中。智慧旅游包含了以物联网与移动通信为核心的先进计算机软硬件以及通信技术，也包含了以云计算为核心的计算与信息资源的合理及有效分配技术。但是，如何充分利用智慧旅游不断采集、存储及处理的大量甚至海量数据信息，使其能够在旅游服务及管理等方面发挥重要作用，是关系智慧旅游成败的关键问题。

人工智能就是智慧旅游用来有效处理与使用数据、信息与知识，利用计算机推理技术进行决策支持并解决问题的关键技术。在旅游研究领域，人工智能更多地被用于预测旅游需求，而人工智能在智慧旅游中的作用不仅在于此，还包含游憩质量评价、旅游服务质量评价、旅游突发事件预警、旅游影响感知研究等诸多方面。如果将物联网、云计算以及移动通信技术看成智慧旅游的构架技术，那么人工智能就是智慧旅游的内核技术。

四、智慧旅游的推广价值

（一）加强景区的监管安保工作

智慧景区实时定位管理具有三种模式，即常态监管模式、警报导航模式和灾害救助模式。常态监管模式对景区、景点客流分流导航提供决策信息，主要用于常态化的安全监管工作；警报导航模式针对游客在监管系统中的突然消失提供主动报警救助，适用于非正常状态下的安全救助；灾害救助模式针对火灾、地震等灾害状态下的救助行动，只用于极端状态下的安保救助，对大型景区的监控安保具有极高的应用价值。

（二）推动景区引领趋势与潮流

智慧旅游具有国际化、品牌化、个性化、集成化、科技化的发展趋势。大型 AAAAA 景区应用智慧旅游管理系统能够具有更强的国际竞争力，易于形成独特竞争优势，形成品牌优势和科技服务优势。

（三）改变旅游产业格局

优势地区与优势景区首先建立智慧旅游系统，将进一步扩大其竞争优势，并助力云计算、物联网等新兴信息产业的发展，促进智能手机、平板电脑等智能移动终端产业发展，以及推动旅游在线服务、旅游搜索引擎、定位导航等相关产业发展。

参考文献

[1] 朱丽男. 智慧旅游管理与景区开发研究 [M]. 北京：中国纺织出版社，2023.

[2] 高华峰. 新开发景区利益相关者系统管理 [M]. 北京：中国社会科学出版社，2018.

[3] 裴爱香. 旅游景区开发与拓展 [M]. 长春：吉林美术出版社，2017.

[4] 张巧莲. 旅游景区开发与运营管理 [M]. 北京：煤炭工业出版社，2017.

[5] 高润，陈薇薇. 景区开发与管理 [M]. 西安：西安交通大学出版社，2015.

[6] 张红艳，吴清燕，黄志敏. 新背景下旅游景区规划与开发研究 [M]. 长春：吉林大学出版社，2014.

[7] 冯斌，梁丽芳，范颖. 我国景区边缘型乡村旅游开发研究 [M]. 成都：四川大学出版社，2014.

[8] 张志远，王镜，刘慧. 旅游景区规划与开发 [M]. 北京：中央广播电视大学出版社，2014.

[9] 张海鸥，乔美华，李幼龙. 旅游景区开发与经营管理研究 [M]. 北京：中国时代经济出版社，2013.

[10] 杜鑫. 旅游体验与景区开发模式的探讨[J]. 旅游纵览，2021（10）：58-60.

[11] 杨海毅. 旅游景区开发对城市生态环境污染的影响研究[J]. 环境科学与管理，2023（5）：162-165.

[12] 万青松. 旅游体验与景区开发模式的实践思考[J]. 山西农经，2020（4）：140-141.

[13] 吴美霞. 山水型乡村旅游景区开发规划研究[J]. 区域治理，2021（25）：295-296.

[14] 罗凯. 基于旅游生态经济的景区开发对策研究[J]. 智库时代，2020（50）：148.

[15] 魏少燕. 旅游景区开发与经营模式探究[J]. 价值工程，2018（34）：54-55.

[16] 陈心明. 旅游景区开发与环境保护协调发展的措施探析[J]. 绿色科技，2019（19）：261-262.

[17] 徐婧堃. 企业参与乡村旅游景区开发运营机制研究[J]. 合作经济与科技，2019（7）：42-45.

[18] 王震，庞赞，张建国. 乡村生态养生旅游景区开发适宜性评价研究[J]. 中国农业资源与区划，2018（11）：225-233.

[19] 兰卉. 旅游景区开发和环境保护协调发展的措施探析[J]. 资源节约与环保，2018（6）：24.

[20] 王学娟，邓琪. 乡村旅游与冰雪经济融合发展研究[J]. 合作经济与科技，2024（11）：26-28.

[21] 蔡超岳，唐健雄，何庆. 中国旅游经济韧性与旅游发展质量的关系

研究 [J]. 湖南师范大学自然科学学报，2024（1）：42-53.

[22] 张科，朱虹，黄细嘉. 红色旅游发展与革命老区经济增长 [J]. 社会科学战线，2023（8）：254-259.

[23] 刘剑. 新时代背景下低碳旅游经济发展研究 [J]. 商业观察，2024（7）：61-64.

[24] 张馨月，孙艳玲. 西部地区旅游经济发展水平差异测度研究 [J]. 商业观察，2024（6）：115-120.

[25] 王飞. 新时代背景下低碳旅游经济发展研究 [J]. 当代旅游，2024（3）：153-155.

[26] 陈起，刘珠珺. 网络营销、旅游目的地经济发展与游客体验的影响关系 [J]. 当代旅游，2024（3）：150-152.

[27] 杨俊淑. 旅游文化传播与旅游经济发展 [J]. 全国流通经济，2023（10）：132-135.

[28] 陈存雪. 旅游经济推动区域经济协调发展的措施研究 [J]. 漫旅，2023（21）：65-67.

[29] 方勤. 旅游经济与地方经济发展的互动关系研究 [J]. 商展经济，2024（6）：41-44.

[30] 张韶燕. 数字经济发展对旅游经济增长的影响研究 [J]. 漫旅，2023（21）：54-56.

[31] 吴醉. 旅游产业经济发展现状及改革措施 [J]. 管理学家，2023（9）：4-6.

[32] 秦莹. 低碳经济背景下我国旅游经济发展策略 [J]. 旅游纵览，2023（11）：73-75.

[33] 吴连. 旅游文化与旅游经济的发展关系 [J]. 海外文摘，2022（11）：57-59.

[34] 杨婷. 旅游文化传播与旅游经济发展 [J]. 鄂州大学学报，2022（1）：48-49.

[35] 赵阳峰. 智慧旅游背景下乡村旅游经济发展模式思考 [J]. 漫旅，2023（18）：109-110+116.

[36] 李月青. 基于旅游产业结构转型的旅游经济发展分析 [J]. 商展经济，2023（13）：33-36.